Louis Reybaud

Socialistes modernes

essai

ISBN : 978-1540474827

10 9 8 7 6 5 4 3 2 1

Louis Reybaud

Socialistes modernes

essai

Table de Matières

LES SAINTS-SIMONIENS

Tant que le saint-simonisme est demeuré debout avec ses prétentions exclusives et ses allures étranges, nul bon esprit, en dehors du noyau des adeptes, n'a pu avoir ni le désir, ni la pensée de s'occuper à fond de ses théories. Alors toute louange eût été prise en mauvaise part ; toute critique se serait trouvée en concurrence avec les réquisitoires du parquet. L'église nouvelle était d'ailleurs si fière d'elle-même, elle se présentait avec un tel aplomb, elle avait une foi si robuste dans son excellence, une si parfaite naïveté à s'admirer, qu'on n'osait pas se commettre au sein de ce monde de féeries, encore moins verser des paroles de désenchantement sur ces jeunes et ardentes convictions. Ensuite, comment aurait-on posé les termes du débat ? sur quel terrain aurait-on porté l'examen ? Si l'on niait ou si l'on marchandait la prémisse saint-simonienne, on était récusé ; on restait désarmé si on l'admettait. La discussion devenait ainsi une impasse. Un autre obstacle existait. La religion fonctionnait sans doute ; elle avait ses prêtres, elle avait ses temples ; mais sa loi lui manquait. Le Moïse de cette révélation n'avait pas écrit ses tables. Il avouait lui-même que la grande inconnue du problème social n'était pas dégagée, ne pouvait pas se dégager encore. Il se disait Messie sans doute, mais Messie incomplet, obligé de chercher, en dehors de lui, ce qui manquait à sa formule synthétique de l'humanité. Avec lui et comme lui, ses néophytes usaient leurs veilles à ce travail d'élaboration mystérieuse et de gestation préparatoire. Lors donc qu'on voyait ces hommes si jeunes, si éclairés pour la plupart, presque tous si consciencieux, s'unir, se grouper pour la découverte des grandes vérités morales, philosophiques et religieuses ; s'embarquer sur l'océan orageux du doute, dans l'espoir d'aborder un jour à un monde nouveau ; quand on les voyait mettre en commun leurs pensées en même temps que leurs biens, poursuivre au travers d'un frottement de tous les jours et de toutes les heures l'étincelle qui devait éclairer cette nuit de théories confuses, on attendait, on espérait, on observait. On savait que, dans leurs suprêmes collèges, ces palingénésistes échangeaient entre eux une monnaie d'un titre plus élevé que le billon qu'ils jetaient à la foule ; on doutait toujours, et avec quelque raison, que tant d'efforts, tant d'énergie, tant de dévouement,

Louis Reybaud

tant d'inspirations originales et aventureuses vinssent aboutir seulement à des résultats négatifs. On se taisait, on devait se taire.

Aujourd'hui ces divers motifs de réserve n'existent plus, au même degré du moins. D'un côté, la phase active et militante du saint-simonisme s'est changée en une propagande sourde et mystérieuse. La religion n'offusque plus l'œil du profane par une bizarre mise en scène ; elle n'éveille plus ses craintes par des aphorismes inquiétants. On ne la voit plus promener dans la ville son travestissement puéril ; elle s'est retirée de la politique courante, et quoique isolément infiltrée dans la presse, elle n'y a plus d'organe excentrique et spécial ; elle peut enfin, comme les autres questions de morale et de philosophie, être prise au point de vue spéculatif, sans que nos préjugés si tenaces, et nos intérêts plus tenaces encore, y trouvent le moindre prétexte à s'effaroucher. D'un autre côté, le saint-simonisme a dit aujourd'hui à peu près ce qu'il pouvait dire, fait ce qu'il pouvait faire, formulé ce qu'il pouvait formuler. Sa synthèse est complète en ce sens qu'elle compose la somme totale des forces mises en commun, et qu'elle a touché, dans ses dernières tentatives, à la limite de l'impuissance. Toutes les théories que la foi nouvelle pouvait proclamer ont été proclamées, les unes hardiment, les autres timidement. Elles l'ont été, il faut savoir en convenir, d'une manière utile pour la réforme des sociétés modernes ; car n'eussent-elles rien, ces théories, d'immédiatement applicable, elles auront du moins, et c'est un grand résultat, secoué de leur sommeil la propriété et l'héritage, puissances inattaquées jusqu'à ce jour. Désormais sans doute, au lieu de chercher à agrandir leurs droits de frelons sur les divers éléments de l'activité humaine, ces deux despotes de la richesse tendront à se fondre et à se combiner avec le travail, pivot probable de la socialisation à venir.

Il est dans notre conviction que le saint-simonisme aura été plus profitable et plus fécond comme menace que comme appel. S'il a rallié peu de sympathies en dehors de sa petite sphère de néophytes, en revanche il a effrayé bien des privilèges qui s'étaient promis une marche calme et lente vers des envahissements ultérieurs. Voilà le service le plus réel qu'il ait rendu. Il a tout critiqué avec verve, avec talent, avec supériorité ; mais il s'est montré impuissant à trouver une bonne et complète formule d'organisation. Nous voulions indiquer ce fait avant d'entrer dans son histoire. Nous désirions établir aussi que l'heure actuelle était bien choisie pour un examen de ses travaux. On doit aux morts la vérité tout entière.

I. — SAINT-SIMON.

« Levez-vous, monsieur le comte, vous avez de grandes choses à foire. » C'est avec ces mots que se faisait éveiller, à dix-sept ans, Saint-Simon, issu, s'il faut l'en croire, de Charlemagne, et incontestablement porteur d'un des plus beaux noms de notre histoire. Nulle vie ne fut, en effet, plus tourmentée que celle du chef posthume de la religion nouvelle. Soldat de l'indépendance américaine, il servit sous Washington et passa colonel à vingt-trois ans. « La « guerre, en elle-même, ne m'intéressait pas, dit-il, mais le seul « but de la guerre m'intéressait vivement, et cet intérêt m'en faisait supporter les travaux sans répugnance......
Ma vocation n'était point d'être soldat ; j'étais porté à un genre d'activité bien différent, et je puis dire contraire. Etudier la marche de l'esprit hu(main, pour travailler ensuite au perfectionnement de la civilisation, tel fut le but que je me proposai. »

La révolution française trouva Saint-Simon en Espagne. De retour à Paris, et résolu à se tenir à l'écart des affaires politiques, il tourna son activité vers des spéculations et trafiqua sur les domaines nationaux, en compagnie d'un Prussien, le comte de Rœdern. Saint-Simon déclare dans son auto-biographie, et sa vie justifie ce dire, qu'il ne désirait pas la fortune comme but, mais seulement comme moyen, « Fonder une grande école scientifique et un grand établissement industriel, voilà quelle fut mon ambition, » écrit-il lui-même.

Sa première association ne fut ni longue ni heureuse. En 1797, il se retira des affaires, ne prenant pour sa part que 144,000 livres. Le reste, qu'il laissa au comte de Rœdern, fut perdu. Dès-lors Saint-Simon s'interdit toute autre entreprise du même genre. La période commerciale de sa vie était close ; il abordait la période scientifique et expérimentale, la plus rude, la plus opiniâtre de toutes, celle où le Christ nouveau devait ceindre la couronne d'épines. Pour s'initier aux rudiments de la science, il se fit écolier à la manière des grands

Louis Reybaud

seigneurs, en attirant les professeurs chez lui, au lieu d'aller chez eux. Logé d'abord en face de l'Ecole Polytechnique, il reçut à sa table des physiciens pour apprendre la physique, des astronomes pour apprendre l'astronomie ; il sema çà et là, dans tout le corps enseignant, des pièces d'or qu'on oubliait de lui rendre. Quand il eut acquis de la sorte assez de notions mathématiques, il se rabattit sur les physiologistes, et déménagea pour s'établir près de l'Ecole de Médecine. Ainsi il étudia, non sans quelques frais, mais avec toutes ses aises, d'une part la science des corps bruts, d'autre part la science des corps animés.

L'expérience qui suivit fut celle des voyages. Saint-Simon parcourut l'Angleterre et l'Allemagne, ne rencontrant dans la première aucune idée capitale et neuve, surprenant l'autre au milieu de sa philosophie mystique, état d'enfance de la science générale. Il ne rapporta rien de cette expérience, si ce n'est la preuve personnellement acquise d'une situation arriérée et confuse. C'est à l'époque de cette tournée européenne qu'il faut rattacher la visite étrange que Saint-Simon fit à Mme de Staël, et sa proposition plus étrange encore. De passage à Genève, le philosophe demanda la faveur d'être reçu à Coppet ; et à peine entré : — « Madame, dit-il à la baronne, vous êtes la femme la plus extraordinaire du monde, comme j'en suis l'homme le plus extraordinaire : à nous deux nous ferions sans doute un enfant encore plus extraordinaire. » — Mme de Staël eut l'esprit assez bien fait pour prendre la chose en bonne part. Elle en rit.

Au retour de ce pèlerinage, Saint-Simon réalisa sa dernière et décisive expérience ; il épousa Mlle de Champgrand, aujourd'hui Mme de Bawr. « Je voulais user du mariage, dit-il lui-même, comme d'un moyen pour étudier les savants, chose qui me paraissait nécessaire pour l'exécution de mon entreprise ; car pour améliorer l'organisation du système scientifique, il ne suffit pas de bien connaître la situation du savoir humain : il faut encore saisir l'effet que la culture de la science produit sur ceux qui s'y livrent ; il faut apprécier l'influence que cette occupation exerce sur leurs passions, sur leur esprit, sur l'ensemble de leur moral et sur ses différentes parties. « Cette étude fut la plus coûteuse de celles que Saint-Simon avait réalisées jusque-là. En bals, en dîners, en soirées d'expérimentation, il dévora toute la somme qui lui restait de sa liquidation avec M. de Rœdern. Ce fut une sorte de va-tout seigneurial, qui dura douze mois. Calme au milieu de ce bruit, jugeant les autres sans en être jugé, pratiquant tout, le mal et le bien, le jeu, l'orgie, l'entretien décent, la discussion élevée, pour avoir l'expérience de toutes les choses et de toutes les positions ; gastronome, débauché, prodigue, mais par système plutôt que par instinct, Saint-Simon vécut en un an cinquante années ; il courut dans la vie au lieu d'y marcher, afin d'acquérir avant le temps la science du vieillard ; il usa et abusa de tout pour pouvoir faire, un jour, tout entrer dans ses calculs ; il s'inocula les maladies du siècle, afin d'en fixer plus tard la physiologie complète. C'était là une vie purement expérimentale : la juger sur l'étalon des autres eût été folie.

« Si je vois un homme, disait-il, qui n'est pas lancé dans la carrière de la science générale fréquenter les maisons de jeu et de débauche, ne pas fuir avec la plus scrupuleuse attention la société des personnes d'une immoralité reconnue, je dirai : Voilà un homme qui se perd ; il n'est pas heureusement né ; les habitudes qu'il contracte l'aviliront à ses propres yeux et le rendront par conséquent souverainement méprisable. Mais si cet homme est dans la direction de la philosophie théorique ; si le but de ses recherches est de rectifier la ligne de démarcation qui doit séparer les actions et les classer en bonnes et mauvaises ; s'il s'efforce de trouver les moyens de guérir ces maladies de l'intelligence humaine qui nous portent à suivre des routes qui nous éloignent du bonheur, je dirai : Cet homme parcourt la carrière du vice dans une direction qui le conduira nécessairement à la plus haute vertu. »

Vertu ou vice, Saint-Simon s'y ruina complètement, et alors, au lieu de pouvoir héberger et nourrir la science, ce fut au tour de la science de l'héberger et de le nourrir. Elle s'y prit moins magnifiquement que lui, car elle destinait le philosophe à une dernière expérience, celle du besoin et de la misère. Pressentant cette phase décroissante, Saint-Simon avait déjà jeté le plan d'une rémunération populaire pour les savants et les hommes de génie,

Louis Reybaud

dans ses *Lettres d'un habitant de Genève à ses contemporains*, morceau bizarre et neuf qui trahissait le tour de ses idées. « Ouvrez, disait-il, ouvrez une souscription devant le tombeau de Newton, souscrivez tous indistinctement pour la somme que vous voudrez. — Que chaque souscripteur nomme trois mathématiciens, trois physiciens, trois chimistes, trois physiologistes, trois littérateurs, trois peintres, trois musiciens. — Renouvelez tous les ans la souscription ; partagez le produit de la souscription entre les trois mathématiciens, les trois physiciens, etc., qui auront obtenu le plus de voix. — Les hommes de génie jouiront alors d'une récompense digne d'eux et de vous. »

Tel était le thème. Le développant dans une série de lettres, Saint-Simon partageait l'humanité en trois grandes catégories, cherchant à prouver à toutes, et avec des arguments appropriés à chacune, l'excellence de sa méthode de rémunération ; puis il établissait la formule suivante : le pouvoir spirituel entre les mains des savants ; le pouvoir temporel entre les mains des propriétaires ; le pouvoir de nommer les individus appelés à remplir les fonctions de grands chefs de l'humanité entre les mains de tout le monde : pour salaire aux gouvernants, la considération. — Tout ceci, on le voit, a peu de valeur ; c'est du Platon et du Bernardin à l'état d'amalgame ; c'est un rêve après mille rêves, une innocente utopie qui se termine par une sorte de prosopopée, épilogue du morceau : « Rome renoncera à la prétention d'être le chef-lieu de mon église ; le pape, les cardinaux, les évêques et les prêtres cesseront de parler en mon nom, etc.... » Le seul fait qui résulte de cet opuscule, c'est la tendance théosophique du réformateur, déjà fortement accusée. Cette tendance se caractérisa mieux par la suite, lorsque ses travaux de philosophie et d'économie industrielle semblèrent appeler la religion comme leur dernier corollaire.

Mais d'autres ouvrages devaient jalonner cette route. Le premier fut une réponse à un programme de Napoléon. Napoléon avait dit à l'Institut : « Rendez-moi compte des progrès de la science depuis 1789 ; dites-moi quel est son état naturel et quels sont les moyens à employer pour lui faire faire des progrès. » A cette question ainsi posée, Saint-Simon avait répondu d'abord par son *Introduction aux travaux scientifiques du XIXe siècle,* vaste étude qu'il se sentit lui-même incapable d'aborder, et qu'il réduisit à des proportions plus académiques dans ses *Lettres au bureau des Longitudes*. Là, comme on le pense, il n'accepta le programme de l'Institut que comme prétexte et comme cadre. Au lieu d'y recevoir l'impulsion, il la donnait ; au lieu de régler le passé, il arrangeait l'avenir ; il faisait de la prophétie quand on lui demandait de la statistique. La pensée fondamentale de ce travail, c'était toujours de pousser les savants vers une œuvre de réorganisation. Il y était dit : « Depuis le XVe siècle jusqu'à ce jour, l'institution qui unissait les nations européennes, qui mettait un frein à l'ambition des peuples et des rois, s'est successivement affaiblie ; elle est complètement détruite aujourd'hui, et une guerre générale, une guerre effroyable, une guerre qui s'avance comme devant dévorer toute la population européenne, existe déjà depuis vingt ans et a moissonné plusieurs millions d'hommes. Vous seuls pouvez réorganiser la société européenne. Le temps presse, le sang coule ; hâtez-vous de prononcer. » Comme gage d'union et de progrès, Saint-Simon concluait en demandant une sorte de magistrature intellectuelle, magistrature d'où est issue, comme dérivation logique, la hiérarchie des capacités, base de la famille saint-simonienne.

Ce travail n'est pas le seul qu'ait laissé Saint-Simon sur ces matières philosophiques. Les *Lettres sur l'Encyclopédie*, les *Mémoires sur la Gravitation* et sur *la Science de l'homme*, se rapportent à cette époque et à cette série d'études.

Pendant que le réformateur poursuivait ainsi une tâche pénible et incomprise, de grands évènements politiques agitaient la France et l'Europe. La Restauration venait d'arriver, et avec elle un retour vers les noms d'une importance historique. Saint-Simon, pauvre alors, vivant de secours, et simple copiste au Mont-de-Piété, à raison de mille francs par an, eût sans doute été admis aux faveurs de la cour nouvelle, si la direction étrange de ses idées n'eût éloigné de lui toutes les offres et toutes les avances. On ne fit rien ; on ne pouvait rien faire pour un novateur pareil ; il resta complètement oublié. Aussi, à peu d'années de là, en 1819, fit-il paraître une brochure sous le titre de : Parabole, dans laquelle le bout d'oreille du grand seigneur méconnu perce sous l'enveloppe de l'économiste radical. Rien de plus hardi, de plus bizarre, et de plus vrai au fond que ce pamphlet, expression d'une rancune plutôt que d'un système.

« Nous supposons, y est-il dit, que la France perde subitement ses

Louis Reybaud

cinquante premiers physiciens, ses cinquante premiers peintres, ses cinquante premiers poètes, etc., etc. (*suit la nomenclature*), en tout, les trois mille premiers sa vans, artistes et artisans de France.

« Comme ces hommes sont les Français les plus essentiellement producteurs, ceux qui donnent les produits les plus imposants, ceux qui dirigent les travaux les plus utiles à la nation, et qui la rendent productive dans les beaux-arts et dans les arts et métiers, ils sont réellement la fleur de la société française ; ils sont de tous les Français les plus utiles à leur pays, ceux qui lui procurent le plus de gloire, qui hâtent le plus sa civilisation et sa prospérité. Il faudrait à la France au moins une génération entière pour repousser ce malheur ; car les hommes qui se distinguent dans les travaux d'une utilité positive, sont de véritables anomalies, et la nature n'est pas prodigue d'anomalies, surtout de cette espèce.

« Passons à une autre supposition. Admettons que la France conserve tous les hommes de génie qu'elle possède dans les sciences, dans les beaux-arts, et dans les arts et métiers ; mais qu'elle ait le malheur de perdre le même jour, Monsieur, frère du roi, monseigneur le duc d'Angoulême, monseigneur le duc de Berry, monseigneur le duc d'Orléans, monseigneur le duc de Bourbon, madame la duchesse d'Angoulême, madame la duchesse de Berry, madame la duchesse d'Orléans, madame la duchesse de Bourbon et mademoiselle de Condé.

« Qu'elle perde en même temps tous les grands officiers de la couronne, tous les ministres d'état, tous les maîtres des requêtes, tous les maréchaux, tous les cardinaux, archevêques, évoques, grands-vicaires et chanoines, tous les préfets et sous-préfets, tous les employés dans les ministères, tous les juges, et en sus de cela, les dix mille propriétaires les plus riches parmi ceux qui vivent noblement.

« Cet accident affligerait certainement les Français, parce qu'ils sont bons, parce qu'ils ne sauraient voir avec indifférence la disparition subite d'un aussi grand nombre de leurs compatriotes. Mais cette perte de trente mille individus, réputés les plus importants de l'état, ne leur causerait de chagrins que sous un rapport purement sentimental, car il n'en résulterait aucun mal pour l'état.

« D'abord par la raison qu'il serait très facile de remplir les places qui seraient devenues vacantes. Il existe un grand nombre de Français en état d'exercer les fonctions de frère du roi aussi bien que Monsieur ; beaucoup sont capables d'occuper les places des princes tout aussi convenablement que monseigneur le duc d'Angoulême, monseigneur le duc d'Orléans, etc.

« Les antichambres du château sont pleines de courtisans, prêts à occuper les places des grands-officiers de la couronne ; l'armée possède une grande quantité de militaires aussi bons capitaines que nos maréchaux actuels. Que de commis valent nos ministres d'état ! Que d'administrateurs plus en état de bien gérer les affaires des départements que les préfets et sous-préfets présentement en activité ! Que d'avocats aussi bons jurisconsultes que nos juges ! Que de curés aussi capables que nos cardinaux, que nos archevêques, que nos évêques, que nos grands-vicaires et que nos chanoines ! Quant aux dix mille propriétaires, leurs héritiers n'auraient besoin d'aucun apprentissage pour faire les honneurs de leurs salons aussi bien qu'eux. »

Cette moquerie, si douce et si fine, fut prise en mauvaise part. Les grands noms mis en scène, et trouvés si légers de poids auprès des noms industriels et scientifiques, ne passèrent pas condamnation immédiate, et voulurent qu'un procès criminel décidât de leur importance sociale. Ce fut étrange de voir alors le comte de Saint-Simon, le petit-fils du grand-seigneur de la cour de Louis XIV, venir se défendre, devant des juges, d'avoir avancé que la mort du comte d'Artois et celle du duc d'Angoulême feraient moins de vide en France que celle d'un grand manufacturier. Singulier procès dont un acquittement ne fit qu'accroître le scandale !

Du reste, cette *Parabole* que nous venons de citer ne fut aux yeux de Saint-Simon qu'une boutade spirituelle, dont ses disciples ont toujours contesté l'à-propos et la valeur. Il acheva, vers ce temps, des travaux plus graves et plus complets : *La Réorganisation de la société européenne, l'Industrie, l'Organisateur, le Politique, le Système Industriel, le Catéchisme des industriels.* La publication de ces divers ouvrages, d'un débit difficile, n'eut lieu qu'à la suite de démarches humiliantes et longues. Méconnu alors, Saint-Simon se voyait, presque toujours obligé, d'aller quêter, de porte en porte, l'aumône d'un éditeur. Ces peines ne furent pas les seules. Plus d'une fois l'unique héritier d'un des plus beaux noms de France se

Louis Reybaud

vit réduit à l'ordinaire du pain et de l'eau ; plus d'une fois il se passa de feu l'hiver pour arriver, à l'aide de privations personnelles, aux honneurs d'une coûteuse et ingrate publicité. Toutes ces douleurs, le Messie nouveau les avait prévues, il ne recula devant aucune d'elles. Un jour pourtant, un seul jour, la tristesse le vainquit ; l'homme écrasa le dieu. Saignant sur sa croix, il demanda grâce ; et comme pas un ami ne se trouvait là pour le percer d'une lance, il se rendit ce service à lui-même avec l'arme plus moderne du pistolet. Les têtes puissantes résistent mieux, à ce qu'il paraît, que les têtes vulgaires. Saint-Simon survécut au suicide. La balle n'avait atteint aucune des parties organiques, il en fut quitte pour la perte d'un œil. S'il était mort de son fait, son autorité à venir en restait singulièrement compromise. D'ailleurs le complément de sa doctrine eût manqué à ses apôtres ; le *Nouveau Christianisme* n'existait pas. Le Messie en revint donc, valétudinaire et défiguré.

On a vu Saint-Simon débuter par l'expérimentation personnelle pour arriver à la publication par la voie de la presse, et d'homme du monde devenir ainsi polémiste. Voici maintenant qu'il quitte l'une et l'autre méthode pour le rôle d'évangéliste et de prophète. Il déserte la pratique de la vie, la tribune de la publicité pour les prédications de la chaire. « En attaquant le système religieux du moyen-âge, disait-il à M. Olinde Rodrigues avant de mourir, on n'a réellement prouvé qu'une chose : c'est qu'il n'est plus en harmonie avec les progrès des sciences positives ; mais on a tort d'en conclure que le système religieux devait disparaître en entier ; il doit seulement se mettre d'accord avec les progrès des sciences. » Puis il ajoutait par une sorte de retour vers la réalité : « La dernière partie de nos travaux sera peut-être mal comprise. »

Cette dernière partie des travaux de Saint-Simon, c'est le *Nouveau Christianisme*. On a tant parlé de ce morceau, on l'a exalté avec une affectation si épique, qu'il nous semble utile de ramener les choses dans le vrai. La pensée de Saint-Simon, dans son évangile contemporain, n'est ni saillante, ni neuve. Il s'agit toujours d'un plan de réforme religieuse, basée sur cet argument à l'usage des schismatiques de toutes les époques, depuis Arius jusqu'à M. l'abbé Châtel, en passant par Luther : que le christianisme a été détourné de ses voies, et que la profanation est aujourd'hui flagrante dans toutes les églises. L'auteur, après quarante autres, commence par établir la grande scission entre la parole divine et la parole humaine, entre les révélations et les commentaires, entre le texte et la glose ; puis, ces prémisses posées, il se résume en concluant que le christianisme, progressif de sa nature, n'aurait pas dû s'immobiliser dans des entraves canoniques ; et qu'au contraire, recevant autant d'impulsion qu'il en donnait, agissant sur le siècle, comme le siècle agissait sur lui, il aurait dû se modifier suivant les mœurs, suivant les pays, suivant les peuples, suivant les âges, et ne conserver d'éternel que cet adage évidemment divin : « Aimez-vous les uns les autres. » Le Christ n'avait pas dit autrement.

Quand il arrive à la démonstration, Saint-Simon rencontre pourtant sa nouvelle et belle formule, celle qu'on aurait compromise en expériences maladroites, si elle n'était pas une vérité hors d'atteinte. De l'adage : « aimez-vous les uns les autres, » il tire le principe suivant : « la religion doit diriger la société vers le grand but de l'amélioration la plus rapide possible du sort de la classe la plus nombreuse et la plus pauvre. » Tout est là selon le maître. Unité religieuse, infaillibilité sacerdotale, durée du culte, sa moralité, son influence, tout est là. C'est le nouveau christianisme en trois lignes. S'agit-il en effet de trouver les prêtres du culte régénéré ? Il va sans dire que les prêtres seront forcément et naturellement les hommes les plus capables de contribuer, par leurs travaux, à l'accroissement du bien-être de la classe la plus nombreuse et la plus pauvre. Seulement il reste à régler le choix et l'échelle hiérarchique des hommes les plus capables. Sur ce point, Saint-Simon n'avait rien fixé, rien prévu ; il posait sa religion à l'état purement spéculatif. Dans la pratique, l'organisation hiérarchique des plus capables a été une difficulté presque insoluble. Saint-Simon tournait la difficulté sans l'aborder ; il faisait de la poésie et non de la logique, quand il chantait un hymne aux puissants, aux philosophes, aux savants, aux artistes en tout genre, pour qu'ils se missent à la tête du culte régénéré, pour qu'ils le rendissent majestueux et beau, pour qu'ils le relevassent au moyen de tous les prestiges et de toutes les magnificences. Cette théorie péchait par les deux bases, car il fallait tout à la fois que les privilégiés du génie voulussent commander, et que les autres se résignassent à obéir.

Si cette organisation indécise et vaporeuse laisse beaucoup à désirer, en revanche, toute la partie critique du *Nouveau*

Louis Reybaud

Christianisme est un travail d'une étude profonde et d'un beau caractère. S'attaquant d'abord au catholicisme, Saint-Simon accuse le pape et son église d'hérésie sur trois chefs : 1° l'enseignement vicieux des laïques ; 2° la mauvaise direction donnée aux études des séminaristes, et, par suite, l'ignorance et l'incapacité religieuse des desservants du culte ; 3° l'autorisation occulte ou patente accordée à deux institutions diamétralement opposées à l'esprit du christianisme, celles de l'inquisition et des jésuites : trois erreurs, trois hérésies capitales du catholicisme, destructives du principe fondamental de la révélation chrétienne : « aimez-vous les uns les autres ; » trois obstacles dirimants à l'amélioration du sort de la classe la plus nombreuse et la plus pauvre.

Si le pape est hérétique, Luther ne l'est pas moins. Luther, aux yeux de Saint-Simon, est hérétique au premier chef, pour avoir quand il était maître de sa formule, quand il avait table rase devant lui, proclamé une morale très inférieure à celle qui peut convenir aux chrétiens dans l'état actuel de leur civilisation ; il l'est encore pour n'avoir pas, comme Jésus le disait, organisé l'espèce humaine dans l'intérêt de la classe la plus nombreuse et la plus pauvre. Au second chef, Luther est hérétique pour avoir adopté un mauvais culte, pour n'avoir point appelé, à l'aide de sa réforme, tous les arts qui charment la vie, la poésie, la musique, la sculpture ; pour avoir prosaïsé les sentiments chrétiens ; pour s'être privé de l'illusion sensuelle, de l'émotion scénique, que le catholicisme avait si bien mises en œuvre. Enfin, Luther est hérétique au troisième chef, parce qu'il ordonne de lire et de ne lire que la Bible, lecture exclusive, immorale souvent, féconde en révélations sur les turpitudes humaines, nommant de ces vices dont l'existence. même devrait être ignorée ; lecture trop métaphysique d'ailleurs, et qui n'est pas une des causes les moins actives du dévergondage nébuleux des philosophies allemandes. Donc, sur ces trois chefs, Luther est hérétique comme le pape l'a été sur d'autres chefs. L'un et l'autre ont dévié du grand axiome religieux, du but essentiel de toute loi et de tout dogme : l'amélioration de l'existence morale et physique de la classe la plus nombreuse et la plus pauvre.

Pour rétablir le christianisme dans ses voies, il fallait, toujours suivant Saint-Simon, lui restituer un côté matérialiste dont l'absence le frappe de stérilité dans son action sociale. Le mot de

Jésus-Christ : *Mon royaume n'est pas de ce monde*, mal compris et plus mal pratiqué, avait établi, dans la religion ancienne, une lutte éternelle et indéfinie entre la matière et l'intelligence, le corps et l'esprit. Cette lutte devait cesser ; le culte nouveau devait être un fait à la fois social et religieux.

Tel est le *Nouveau Christianisme*, dans lequel l'auteur a mérité qu'on dît de lui ce qu'il disait de Luther : *Il a bien critiqué, mais pauvrement doctriné.* De cet opuscule ont découlé, pour les disciples de Saint-Simon, d'abord les deux ou trois épigraphes de la foi nouvelle, puis l'appel aux capacités pour qu'elles eussent à concourir au grand œuvre de la rénovation religieuse et sociale ; puis encore cet apostolat, tout de persuasion et d'amour, cette nouvelle communion de martyrs à laquelle il n'a manqué que des bourreaux plus farouches ; enfin le principe vieux, mais oublié, de l'affection fraternelle entre les hommes, base de la nouvelle organisation sociale qui remplacera la force militaire par l'union pacifique, qui dissoudra l'armée pour enrégimenter les travailleurs.

— Jésus-Christ a préparé la fraternité universelle, dirent les successeurs du prophète ; Saint-Simon la réalise. L'église vraiment universelle va paraître : le règne de César cesse. L'église universelle gouverne le temporel comme le spirituel, le for extérieur comme le for intérieur. La science est sainte, l'industrie est sainte. Des prêtres, des savants, des industriels, voilà toute la société. Les chefs des prêtres, les chefs des savants, les chefs des industriels, voilà tout le gouvernement. Et tout bien est bien d'église, et toute profession est une fonction religieuse, un grade dans la hiérarchie sociale. — A CHACUN SELON SA CAPACITÉ ; A CHAQUE CAPACITÉ SELON SES ŒUVRES. — A côté du texte de Saint-Simon, telle est la glose saint-simonienne. Quand Saint-Simon eut écrit son *Nouveau Christianisme*, sa santé alla dépérissant chaque jour. Réduit à vivre d'emprunts, en proie au besoin et criblé de dettes, il n'en conservait pas moins un calme et une sérénité impassibles. En 1825, le mal redoubla ; pendant deux mois il ne vécut que d'eau et de bouillon. Le corps s'en allait, mais la tête n'avait rien perdu de son activité. Malgré ses souffrances, Saint-Simon s'occupait alors de la fondation d'un journal qui continuât ses doctrines, et prêchant son œuvre, la suivît dans ses développements. Ce journal était *le Producteur* que le moribond n'eut pas même la joie de saluer

Louis Reybaud

comme le vieillard du cantique. Le 19 mai, il mourut dans les bras de quelques disciples : M. Auguste Comte, son Benjamin, son vase d'élection, qui depuis renia le maître, et M. Olinde Rodrigues, qui glorifia Saint-Simon avec MM. Bazard et Enfantin, puis avec M. Enfantin seul, pour se retirer dans sa tente au jour de la rupture.

Cette mort de Saint-Simon serait demeurée sous le voile, si, plus tard, les disciples alors présents n'en eussent révélé les détails. Leur pieuse affection n'a pas, on doit le croire, rapetissé le héros. Peut-être même a-t-on eu le soin de le draper pour mourir. N'importe, il faut raconter ici comme ils racontent ; le moment suprême a des solennités qui désarment le doute. Saint-Simon sentait la vie le fuir, il rassembla autour de son lit les confidents de ses pensées, et leur dit :

« Depuis douze jours, je m'occupe, mes amis, de la combinaison la plus capable de faire réussir notre entreprise (*le Producteur*) ; depuis trois heures, malgré mes souffrances, je cherche à vous faire le résumé de ma pensée. Vous arrivez à une époque où des efforts bien combinés parviendront à un immense résultat..... La poire est mûre ; vous pouvez la cueillir.... La dernière partie de mes travaux, le *Nouveau Christianisme*, ne sera pas immédiatement comprise. On a cru que tout système religieux devait disparaître, parce qu'on avait réussi à prouver la caducité du système catholique. On s'est trompé : la religion ne peut disparaître du monde ; elle ne fait que se transformer..... Rodrigues, ne l'oubliez pas ! et souvenez-vous que, pour faire de grandes choses, il faut être passionné..... Toute ma vie se résume dans une seule pensée : assurer à tous les hommes le plus libre développement de leurs facultés. »

Il se fit alors quelques minutes de silence, après lesquelles l'agonisant ajouta : « Quarante-huit heures après notre seconde publication, le parti des travailleurs sera constitué : l'avenir est à nous. »

Ces mots dits, il porta la main à sa tête, et mourut.

Ainsi, pour résumer Saint-Simon, il faut le voir sous trois aspects saillants et bien distincts : comme expérimentateur, comme publiciste, comme réformateur religieux.

Comme expérimentateur, il partit de ce fait, que le seul moyen de pousser la philosophie dans des voies progressives était de se livrer à des expériences successives et personnelles. Cherchant, combinant des actions étranges et inouïes, ou de nouvelles séries d'actions, il s'abandonna sciemment à beaucoup d'épreuves folles ; il fut extravagant selon le monde, bizarre, immoral, mal famé ; choses qui lui importaient peu, car il rêvait une moralité nouvelle. Voici comment il définit lui-même cette phase expérimentale :

« 1° Mener, pendant tout le cours de la vigueur de l'âge, la vie la plus originale et la plus active possible.

« 2° Prendre connaissance, avec soin, de toutes les théories et de toutes les pratiques.

« 3° Parcourir toutes les classes de la société, se placer personnellement dans les positions sociales les plus différentes, et même créer des relations qui n'aient point existé.

« 4° Enfin, employer sa vieillesse à résumer les observations sur les effets de ses actions pour les autres et pour soi, et à établir des principes sur ces résumés. »

Dans la seconde phase de sa vie, Saint-Simon résuma, comme publiciste, les impressions qu'il avait acquises dans sa vie expérimentale ; il chercha à les rendre profitables et pratiques pour le monde industriel, scientifique et politique ; il essaya, par lambeaux, son système de doctrine et d'application générales, dont la synthèse ne devait se trouver que plus tard dans le *Nouveau Christianisme*, attique de son monument.

Enfin, comme révélateur religieux, il couronna ses travaux antérieurs, travaux incomplets et préparatoires, par la théorie d'une socialisation chrétienne ; il donna la formule qui résumait, suivant lui, le seul principe révélé du christianisme, le seul article de foi qui fût d'inspiration divine : « La religion doit diriger la société vers le grand but de l'amélioration la plus rapide possible du sort de la classe la plus nombreuse et la plus pauvre ; » sentence de paix et de fraternité, d'amour et d'union, qui vaut, à elle seule, tout un code de morale ; maxime sainte, devant laquelle viennent s'amortir et s'éteindre les grands et honteux mobiles des sociétés modernes, l'égoïsme, la haine, l'isolement, le doute, le découragement, la mauvaise foi ; dogme déjà pressenti par le philosophe dans les *Lettres d'un habitant de Genève* et dans la *Parabole* ; mieux accusé plus tard par la *Réorganisation de la société européenne*, et par ses autres ouvrages d'économie industrielle ; mais articulé seulement d'une manière formelle et précise dans le *Nouveau Christianisme*, ce testament de Saint-Simon.

II. — PREMIÈRE ÉPOQUE.
Le Producteur.

Le Producteur, on vient de le voir, fut fondé sur le lit de mort de Saint-Simon. Légataire plus spécial de la pensée du maître, M. Olinde Rodrigues chercha à s'associer quelques esprits sympathiques à la doctrine nouvelle ; il trouva alors, et successivement, MM. Bazard (qui signait Saint-Amand), Enfantin, Cerclet, Buchez, et d'autres encore, qui ne suivirent pas ou laissèrent ensuite à mi-chemin l'œuvre de propagande saint-simonienne. *Le Producteur* ne pouvait pas, ne devait pas être une chaire exclusive pour la religion encore dans ses langes. Les disciples que Saint-Simon avait laissés n'étaient ni assez nombreux, ni assez riches pour pouvoir repousser une rédaction et une organisation étrangères. Une société en commandite se forma pour la fondation d'une feuille destinée, en grande partie, à des articles de technologie et de statistique industrielles. L'intention des principaux coopérateurs était bien de fonder une école ; mais le plus grand nombre se bornait à exprimer des sentiments individuels et des opinions isolées.

C'était d'ailleurs à une époque où l'on avait à se défendre sur un autre terrain que sur celui des idées spéculatives. Comme la réaction d'absolutisme marchait alors dans une phase d'ascension et de triomphe, la résistance des sentiments et des intérêts contre des empiètements scandaleux s'organisait à l'ombre du libéralisme. Cette formule, dont on a reconnu plus tard le vague et l'impuissance, régnait alors et passionnait les esprits. L'un des chefs futurs du saint-simonisme, celui qui devait prêter à la doctrine l'appui d'une dialectique vraiment puissante, M. Bazard, était lui-même un chef de carbonari, échappé comme par miracle à cette échauffourée de Colmar et de Béfort, où Lafayette joua si bravement sa tête. Les forces vives de la France étaient alors tendues de ce côté.

Placés de la sorte entre deux camps acharnés, les disciples de Saint-Simon auraient été fort mal venus à faire entendre une parole toute pacifique. Enseigner alors le dogme du maître, prêcher l'autorité à une époque où l'on abusait de l'autorité, parler d'un christianisme nouveau à des populations que fatiguaient les prêtres, déployer le drapeau d'un schisme en face des susceptibilités orthodoxes du moment, c'eût été se vouer à une prédication stérile et dangereuse. *Le Producteur* tourna l'écueil. Il réserva pour des temps meilleurs la doctrine sociale et religieuse, et ne s'occupa que du développement industriel et scientifique de l'humanité, d'après la théorie de Saint-Simon. Des plumes vigoureuses et exercées, des talents pleins de jeunesse et de verve, des hommes d'élite, parmi lesquels nous ne citerons que M. Carrel, restèrent alors associés, pour la rédaction de la feuille, au petit noyau des saints-simoniens primitifs ; et le succès qu'elle obtint parmi les esprits sérieux, résulta en grande partie de ce concours d'intelligences élevées.

Bientôt pourtant, un changement survenu dans le format et dans le mode de publicité ramena *le Producteur* à son unité originaire. De journal hebdomadaire il devint recueil mensuel. Ceux qui l'avaient fondé, puis transformé, le soutinrent pendant quelque temps encore, après quoi il s'éclipsa un beau jour, faute de 5,000 francs annuels pour le continuer. Les apôtres n'étaient pas opulents, et les mains qui jusque-là avaient fait les avances, étaient lasses de donner. *Le Producteur* mourut.

Dans sa courte existence, bien qu'empêché par des craintes de saisies judiciaires, il avait posé, en face du gouvernement le plus ombrageux, une foule de questions hardies et radicales. Il avait parlé de l'affranchissement de l'industrie, quand régnaient, dans toute leur gloire, les théories de M. de Mayrinhac et les tarifs de M. de Saint-Cricq ; il avait convié et excité à une œuvre d'organisation nouvelle les savants, les artistes, les financiers, ces puissances indépendantes que l'on craignait tant alors. *Le Producteur* avait fait plus encore : il avait prêché l'union et l'oubli à l'opinion dominante, et hasardé des mots de réforme sociale, précoces et audacieux. C'était beaucoup que de se déclarer neutre en temps de guerre, que de se mettre entre deux armées qui se battaient, au risque de se voir frappé par l'une et par l'autre, et avec la certitude d'être impuissant

Louis Reybaud

à les pacifier. Ce dévouement opiniâtre, cette patience à éclairer les questions de l'ordre industriel, que dénaturaient alors les desservants de la statistique ; cette persévérance désintéressée dans une œuvre calomniée et méconnue, tout cela caractérise et honore les jeunes philosophes pour qui *le Producteur* fut une espèce de prologue à l'apostolat. La tâche solitaire qu'ils poursuivaient avec une obstination consciencieuse était d'autant plus méritoire, que l'éclectisme doctrinaire remplissait alors le monde de ses mérites, et qu'à côté de leur feuille, pauvre et modeste, débutant comme le maître avait fini, par l'indigence et un appel à des bourses profanes, rayonnait un journal semi-périodique, organe de cette philosophie transitoire qui vulgarisait tout sans contrôle, quelquefois sans discernement ; philosophie de beau style et de belles formes, qui n'eut guère que des vertus négatives, même au jour où elle prévalut.

III. — DEUXIÈME ÉPOQUE.
Enseignement de la rue Taranne. — Exposition de la Doctrine.

Quand *le Producteur* fut mort, on put croire que le saint-simonisme avait fini en même temps que lui. La presse philosophique le crut ; elle sonna, avec le zèle et la grâce d'une rivale, les funérailles de la doctrine nouvelle. Mais il en est de la parole répandue dans le monde comme de ces semences que le vent promène d'une zone à l'autre, qui traversent les mers dans le bec de l'oiseau, et vont germer loin de l'arbre qui les vit mûrir. La publicité du *Producteur* avait eu un rayonnement borné, mais choisi : un petit nombre de lecteurs attentifs s'était mis peu à peu dans le courant d'idées de la doctrine, et avait senti à son unisson. Des sympathies réelles étaient acquises aux principes ; le désir de voir les hommes, de les connaître, d'apprendre de leur bouche le complément de la philosophie saint-simonienne, tourmentait quelques têtes plus enthousiastes que les autres. On s'écrivit, on se visita, on s'aboucha ; des correspondances s'organisèrent ; des réunions eurent lieu ; des centres de propagation se formèrent sur divers points. On procéda même dès-lors à un système d'affiliations, suivies et nombreuses. Quoique les apôtres eussent été obligés de renoncer à la presse, comme influence périodique, ils s'en servirent par intermittence, pour prêcher leurs idées dans des brochures et dans des livres. Ces ouvrages n'étaient point un cours complet de la philosophie de Saint-Simon, mais seulement des thèmes industriels ou scientifiques, développés d'après la méthode et selon le critérium de la doctrine.

Bientôt aussi un enseignement oral s'ouvrit dans une salle, rue Taranne, et M. Bazard y poursuivit, dans une longue suite de conférences, *l'Exposition complète de la foi saint-simonienne.* Alors les initiations allèrent chaque jour en augmentant ; l'école se recruta surtout parmi les hommes qui se paient le moins de rêveries, parmi les élèves de l'École Polytechnique, ce sanctuaire des sciences positives. C'est à cette date qu'il faut rapporter les affiliations de MM. Carnot, Michel Chevalier, Fournel, Dugied, Barrault, Charles Duveyrier, Talabot, et quelques autres qui, avec MM. Bazard, Enfantin et Rodrigues, premier trinôme saint-simonien, composèrent le noyau de philosophes et de prêtres qui devaient plus tard constituer ce que l'on nomma le grand collège.

L'enseignement de la rue Taranne fit faire un grand pas à la doctrine. Les matières se trituraient en commun entre MM. Bazard et Enfantin ; ce dernier pressant toujours l'autre, éveillant les questions une à une, et les livrant ensuite à la déduction nerveuse, à la sagacité didactique de son collègue. Après avoir parcouru et réglé dans *le Producteur* la série des faits industriels, les esprits impulsifs de l'école expliquèrent, dans *l'Exposition* orale, les autres phénomènes de l'activité humaine et dirent la loi qui devait féconder son avenir. Ce n'était plus alors une démonstration étriquée et partielle ; c'était la science générale qui allait dérouler ses magnificences.

La première partie de cette *Exposition de la doctrine* ne contenait que fort peu d'indications organiques. La critique y dominait le reste ; elle s'y était fait une large part. C'était le vieux monde en présence du nouveau ; l'un sur la sellette, l'autre sur un fauteuil de juge. Dans un débat ainsi posé, on devine quel devait être le vaincu.

L'Exposition commence par déplorer la situation douloureuse dans laquelle se trouve la société européenne. La lutte et l'antagonisme sont partout ; la cohésion et la concorde ne sont nulle part. Tous les liens se relâchent ; le regret et la crainte, la défiance et la haine, le charlatanisme et la ruse apparaissent aussi bien dans les relations générales que dans les rapports individuels. Ce désordre, cette anarchie, se retrouvent dans la politique qui nous divise au nom du pouvoir et de la liberté ; dans les sciences que rien ne lie entre elles, qui marchent disjointes et au hasard ; dans l'industrie que ronge la lèpre de la concurrence ; dans les beaux-arts qui languissent, privés d'inspirations vastes et fécondes.

Quand l'*Exposition* a ainsi caractérisé, à son point de vue, les sociétés modernes, elle convie l'humanité à une autre nature de rapports ; elle indique aux mortels divisés « un lien d'affection, de doctrine et d'activité, qui doit les unir, les faire marcher en paix, avec ordre, avec amour, vers une commune destinée, et donner à la société, au globe lui-même, au monde tout entier, un caractère d'union, de sagesse et de beauté. »

Pour arriver à la démonstration de ce fait, l'*Exposition* procède par la méthode historique ; elle ouvre le livre des traditions et fait voir comment l'humanité a marché vers Saint-Simon par les périodes d'égoïsme et d'athéisme ; elle formule et fonde son système annaliste sur la science de l'espèce humaine ; elle y trouve la justification d'une tendance irrésistible vers l'association universelle, puis elle cherche à deviner quel sera le père de cette race future, fille de l'association, quelle sera la ville initiatrice du genre humain, la ville du progrès moderne, comme l'ont été, aux temps anciens, Jérusalem, la Rome impériale et la Rome chrétienne.

Passant à l'autres intérêts, l'*Exposition* constate par quel abus du fait l'homme a été jusqu'ici, toujours et partout, exploité par l'homme : elle proclame le droit nouveau : « A chacun suivant sa capacité ; à chaque capacité suivant ses œuvres ; » droit qui est appelé à détrôner les privilèges de la conquête et de la naissance. Personne désormais n'aura recours à la force, car la force n'est utile que pour imposer un abus. D'où il suivra que l'ancienne organisation, militaire et oisive, fera place à l'organisation active et pacifique des travailleurs, classés selon la hiérarchie.

De cet appel aux travailleurs conviés à un droit nouveau, l'*Exposition* arrive à l'examen de la loi constitutive de la propriété. Ici la doctrine tranche dans le vif de la richesse actuelle : Jésus a dit : « Plus d'esclavage ! » Saint-Simon s'écrie :

« Plus d'héritage ! » Après quoi comme la nature, qui fauche des hommes chaque jour, exige un système quelconque de successibilité, *l'Exposition* y pourvoit et adjuge aux chefs de la doctrine le retour de tous biens, devenus ainsi à la fois communs et main-mortables, à la charge seule, pour le suprême collège, de faire élever les enfans dans une direction professionnelle, de les doter, de les surveiller, de leur tenir lieu de père et d'héritage.

Des vues de législation assez étranges, des critiques générales ou minutieuses sur l'état actuel des sciences humaines, complètent cette première partie de *l'Exposition*. La seconde partie est plus sérieuse, plus travaillée, plus vaste : elle aborde, quoique toujours sous des termes mystérieux et emphatiques, les problèmes de l'organisation future. C'est là que M. Bazard écrivit et écrivit seul les prolégomènes de la doctrine qui allait passer à l'état de religion. Le dogme, la morale, le culte, s'y trouvent sinon formulés nettement, du moins indiqués de telle sorte, que plus tard cet écrit put fournir une longue série de thèmes aux enseignements du *Globe*, aux prédications de la salle Taitbout, et aux orageux débats de la famille de la rue Monsigny. Quand M. Bazard mettait en ordre ce beau et lumineux travail, si nourri de faits et d'études, il ne se doutait pas que le texte en serait plus tard invoqué contre lui, et qu'au bout de cette longue traite, épuisé autant qu'épouvanté du chemin parcouru, il trouverait son collègue Enfantin qui lui crierait : « Marche !» y quand il eût, lui, fait si volontiers une halte.

C'est, du reste, ici le moment, à la veille de la transformation retentissante que va subir le saint-simonisme, de résumer sa foi, telle qu'elle résulte de *l'Exposition* et des œuvres qui en sont la glose. Il faut seulement laisser à l'écart, comme réservées, les questions qui, dans la suite, soulevèrent des tempêtes.

Commençons par la tête du système : Dieu. Voici le Dieu saint-simonien dans une première définition :

«Dieu est un. Dieu est tout ce qui est ; tout est en lui, tout est par lui ; tout est lui. Dieu, l'être infini, universel, exprimé dans son unité vivante et active, c'est l'amour infini, universel, qui se manifeste à nous sous deux aspects principaux, comme esprit et comme matière, ou, ce qui n'est que l'expression variée de ce double aspect, comme intelligence et comme force, comme sagesse et comme beauté. L'homme, représentation finie de l'être infini, est, comme lui, dans son unité active, amour ; et dans les modes, dans les aspects de sa manifestation, esprit et matière, intelligence et force, sagesse et beauté. »

Plus tard M. Enfantin, pour aider les mémoires paresseuses, abrégea cette longue et nuageuse définition. Voici la sienne ;

« Dieu est tout ce qui est ; tout est en lui, tout est par lui.

« Nul de nous n'est hors de lui, mais aucun de nous n'est en lui.

« Chacun de nous vit de sa vie, et tous nous communions en lui, car il est tout ce qui est. »

Après le Dieu, le Messie.

Saint-Simon était ce Messie. Il ne relevait que de sa mission divine. Comme Jésus, il avait été envoyé pour annoncer au monde une doctrine bien plus complète, bien plus sympathique que le christianisme. Écoutez :

« Le monde attendait un sauveur….. Saint-Simon a paru.

« Moïse, Orphée, Numa, ont organisé les travaux matériels.

« Jésus-Christ a organisé les travaux spirituels.

« Saint-Simon a organisé les travaux religieux.

« Donc Saint-Simon a résumé Moïse et Jésus-Christ.

« Moïse serait dans l'avenir le chef du culte, Jésus-Christ le chef du dogme ; Saint-Simon serait le chef de la religion, le pape. »

Pour éclaircir tant soit peu ce mythe, cette fusion du travail matériel et du travail spirituel, absorbés l'un et l'autre dans le travail religieux, il faut avoir la clé de ce que l'on a nommé, dans l'école, le dualisme catholique, le combat de l'esprit contre la chair, de l'intelligence contre la matière. Au lieu d'adopter cette division consacrée jusqu'alors, le saint-simonisme s'annonça comme devant l'annuler, l'heure étant venue. Ces deux principes, éléments d'une lutte éternelle, au lieu de se combattre allaient désormais se combiner, recevoir une impulsion unitaire, se sanctifier l'un et l'autre, et l'un par l'autre. Avant notre époque, cette cause de conflit, introduite dans les diverses religions régnantes, les avait rendues, disait l'école, vicieuses et incomplètes. Le principe du bien et du mal proclamé par la Genèse, les dieux bons ou mauvais du paganisme grec et du fétichisme hindou, avaient amené ce dualisme interminable, cet antagonisme dogmatique qui se résumait pour l'humanité en révolte des sens contre la raison, révolte funeste, qui tenait l'âme et le corps dans un état d'irritation et d'hostilité constantes, et qui, passant de l'ordre idéal dans l'ordre positif, réagissait sur les lois, sur les mœurs, sur les habitudes, sur l'organisation sociale et politique ; créant ainsi, d'une part, les haines entre individus, de l'autre les guerres entre nations.

Donc il fallait, pour que l'humanité arrivât à la complète harmonie de ses forces, que la chair et la matière fussent réhabilitées. Il fallait faire justice, dans une loi nouvelle, de toutes les abominations et de toutes les erreurs de la loi ancienne ; des supplices volontaires du fakir hindou, comme des macérations et des jeûnes du cénobite chrétien. Les devises catholiques : « Mortifiez-vous ; abstenez-vous, » devises négatives et vieillies, devaient se retirer devant celle-ci : « Sanctifiez-vous dans le travail et dans le plaisir. »

Ce dualisme, admis une fois comme élément et comme forme, avait dû se glisser jadis et suinter, par mille fissures imperceptibles, de la base au sommet de l'humanité, s'insinuer dans les mœurs et dans les institutions, dans les peuples et dans les gouvernements. Ainsi la distinction entre la chair et l'esprit avait conduit à reconnaître deux directions, l'une temporelle, l'autre spirituelle, à proclamer deux maîtres, un empereur et un pape, chacun avec sa hiérarchie et ses attributions distinctes. Les paroles : « Mon c(royaume n'est pas de ce monde. — Rendez à César ce qui est à « César, et à Dieu ce qui est à Dieu, » avaient établi pour le christianisme cette prémisse orageuse, dont la conséquence apparaissait dans une guerre de dix-huit cents ans, entre le temporel et le spirituel.

Le saint-simonisme n'admettait pas ce duel ; il n'admettait pas que l'humanité dût être ainsi à tout jamais écartelée, tirée à droite par la chair, tirée à gauche par l'esprit, ne sachant que croire ou de ses instincts ou de ses idées ; il n'admettait pas ces deux forces rivales s'annulant dans le choc, ces deux glaives toujours prêts à se croiser ; ces deux principes obligés de vivre ensemble et de lutter toujours. Le prêtre de Saint-Simon devait relier, d'après son expression, la chair et l'esprit, et sanctifier l'un par l'autre.

Cette sanctification, cette réhabilitation de la chair n'était formulée toutefois dans l'œuvre de M. Bazard que d'une manière implicite ; mais M. Enfantin sut la dégager du fond même de la démonstration et se servir de cette arme contre celui qui l'avait forgée. Quand plus tard la controverse se fut engagée, entre saint-simoniens, sur les questions de morale, on argua, pour battre les dissidents, de cette partie du dogme, qui n'avait eu d'abord, et dans la pensée même de l'apôtre, qu'une signification politique.

Ce qu'on voulait en effet, vers ce temps, avant que la famille de la rue Monsigny eût été fondée, c'était la constitution de l'autorité, et la règle de la hiérarchie. On entend de prouver l'utilité d'un cumul, la puissance d'une fusion entre deux pouvoirs jusqu'alors tiraillés et distincts. On voulait dire : « Il n'y a plus un empereur et un pape ; il y a un Père. » On méditait un régime qu'à défaut d'autre nom on peut appeler théocratique.

Cette théocratie ou association, comme on voudra, divisait l'humanité en trois classes : savans, artistes et industriels ; hiérarchiquement soumis aux premiers industriels, aux premiers savans, aux premiers artistes. Ces chefs devaient administrer les intérêts matériels et intellectuels de la société saint-simonienne, dans les voies et selon l'esprit de la formule du maître : « l'amélioration du sort moral, physique et intellectuel de la classe la plus nombreuse et la plus pauvre. » Ils devaient le faire suivant le mode de répartition fixé par la deuxième formule : « à chacun suivant sa capacité ; à chaque capacité suivant ses œuvres. »

Ainsi par la foi nouvelle et à l'aide de ses organes, la cité, comme le département, comme l'état, comme l'humanité, marchait vers un but unique, but immense et fécond ! Mais par quelles lois allait-on tendre vers cette ère d'harmonie universelle et de sublimes magnificences ? Quelle allait être la règle fixe et reconnue des nouveaux rapports de l'humanité ? Le droit romain et français périssant en un jour, qu'allait-on consacrer à sa place ? Aux époques critiques, comme le sont toutes celles que le monde a traversées jusqu'ici, l'humanité pouvait et devait se contenter de lois mortes ; mais une époque organique, l'époque saint-simonienne appelait LA LOI VIVANTE.

« LA LOI VIVANTE [1],— c'est M. Bazard qui parle —, ne se trouve qu'aux époques organiques, et alors la loi, c'est l'homme ; toujours

1 *Exposition, tome II.*

elle a un nom, et ce nom est celui de son auteur. Et d'abord celle qui domine toutes les autres, celle qui a fondé la société, c'est, selon les temps, ou la loi de Numa, ou la loi de Moïse, ou celle du Christ, comme, dans l'avenir, ce sera celle de Saint-Simon. Bien loin alors que la société s'efforce de mettre dans l'ombre le législateur suprême dont l'amour prophétique lui a donné naissance, elle s'empare de son nom, elle l'incarne en elle ; c'est par ce nom qu'elle est, et c'est en lui qu'elle se glorifie d'être. Toutes les lois qui, dans la suite des temps, se produisent comme l'interprétation, le développement ou le perfectionnement de la loi révélatrice, deviennent également inséparables de leurs auteurs.

«C'est toujours le législateur qu'on aime ; c'est à lui qu'on obéit….. Dans l'avenir, toute loi est la déclaration par laquelle celui qui préside à une fonction, à un ordre quelconque de relations sociales, fait connaître sa volonté à ses inférieurs, en sanctionnant ses prescriptions par des peines ou par des récompenses. »

Voilà donc le prêtre, non-seulement chef spirituel et temporel, mais législateur et juge. Il sera plus encore. Il sera le manutenteur et le distributeur de la fortune sociale : il la recevra par voie d'héritage, pour la rendre à chacun et à tous en instruments de travail. Ainsi tout sera concentré dans les mêmes mains ; action impulsive, action coercitive ; tout marchera dans une pensée et vers un but uniques. Il y aura des millions de bras, il n'y aura qu'une tête. Un homme résumera l'humanité. Toute lumière viendra converger en cet homme pour rayonner ensuite, hors de lui, plus vive, plus féconde, plus pure. Cet homme, ce pontife, ce sera le plus fort, le plus sympathique, le plus généralisateur de tous les êtres vivants ; il embrassera dans son amour et l'amour du prêtre de la science et l'amour du prêtre de l'industrie ; il reliera socialement les théoriciens et les praticiens. C'est lui, la loi vivante, qui, d'un coup-d'œil et par une sorte d'intuition, se posera à sa place et réglera ensuite l'échelle des vocations et des aptitudes, la hiérarchie des capacités, et le tarif des salaires ; c'est lui qui sera l'angle lumineux de la création nouvelle, qui, abreuvé de l'amour de tous, s'épandra en torrents d'amour ; c'est lui qui donnera de l'unité au travail général par la direction harmonique de tous les travaux.

Telle fut la préface du saint-simonisme ; tel fut son enseignement public avant l'heure de la pratique. Ces travaux préparatoires portaient l'empreinte d'une conviction lentement acquise. Obscurs souvent, parfois déclamatoires, ils se présentaient, enveloppés d'études si fortes et si vastes, qu'ils devaient provoquer de la part des critiques une attitude d'estime et de réserve. La chose se passait d'ailleurs dans un petit cercle d'esprits élevés, sans retentissement extérieur, sans éclat, sans scandale. Vers le milieu de 1830, ce théâtre parut trop étroit aux saint-simoniens. Leur pièce était trop belle, pour qu'ils se résignassent à la jouer toujours entre deux paravens et devant des amis. Il leur fallait une scène plus vaste et plus orageuse : ils avaient soif des bravos, peut-être même des sifflets de la foule : ils voulaient se produire, attirer à eux, convertir, grandir en puissance, se faire aimer, réunir toutes les pensées en une pensée commune ; enseigner au monde l'amour, l'harmonie et la paix. Ce fut alors que l'école devint une famille, puis une église.

IV. — TROISIÈME ÉPOQUE.
L'Organisateur. — Famille de la rue Monsigny. — Le Globe. — Prédications publiques.

Le premier retour à une propagande ouverte fut la fondation d'un organe spécial du saint-simonisme. *L'Organisateur* parut avec une périodicité hebdomadaire, et cette fois rien d'étranger à l'école n'eut accès dans la feuille. *L'Organisateur* fut une chaire purement saint-simonienne.

La fondation de la hiérarchie remonte aussi à la même époque. Dans l'ordre des dates, M. Olinde Rodrigues, le disciple direct de Saint-Simon, aurait dû être le premier pontife de la religion. Mais la loi hiérarchique n'admettait ni droit d'héritage, ni priorité d'avènement ; elle ne saluait, ne reconnaissait, n'acclamait que la capacité. MM. Enfantin et Bazard se posèrent donc, en leur qualité de plus sympathiques et de plus capables, comme les chefs de la doctrine. On les accepta comme tels. En effet, nul n'avait qualité pour marchander leur couronne : la date de leur initiation, leurs travaux longs et gratuits, leurs belles et savantes facultés, tout les portait à ce poste, à l'exclusion d'autres prétendants.

On a beaucoup disserté, dans le temps, sur le mérite comparatif de MM. Bazard et Enfantin ; on a cherché, en eux, quelles étaient les facultés analogues, quelles étaient les facultés dissemblables. Pour notre part, il nous a semblé que la nature de leur organisation excluait, chez ces deux hommes, la pensée d'un long accouplement, d'une solidarité durable. M. Bazard, élevé à l'école de nos luttes politiques, ayant souffert par elles et pour elles, aimait encore, malgré lui et à son insu, la cause révolutionnaire qu'il avait défendue longtemps. Plus d'une fois, pour juger la théorie saint-simonienne, il se mit au point de vue du monde profane dont il eût aimé la louange et dont il redoutait le sarcasme. Bon logicien d'ailleurs, penseur infatigable, vulgarisateur habile comme peu le sont, M. Bazard trouvait, sur un thème donné, tout ce qu'il renfermait de déductions et de développements. Il aimait, il caressait, il épuisait ces besognes partielles et de détail ; il se reposait volontiers quand elles étaient finies, demandant du loisir pour en embrasser d'autres, par fatigue peut-être, peut-être aussi par sage calcul.

M. Enfantin était d'une nature tout-à-fait opposée à celle-ci. S'étant tenu constamment à l'écart de la politique courante, il n'y avait rattaché aucun souvenir de sympathie ou de haine ; il assistait, neutre et indifférent, à ses péripéties les plus éclatantes ; il ne songeait au monde que pour l'attirer à ses convictions, et non pour s'occuper des siennes ; il ne tenait à lui que par les points d'attache avec l'avenir saint-simonien. Sa tête était en travail constant de transformations expérimentales. On eût dit un laboratoire d'idées, une forge d'où elles sortaient brutes pour passer au laminoir de M. Bazard. L'un était plus manipulateur, l'autre plus chimiste. Celui-ci écrivait mieux qu'il ne parlait ; celui-là parlait mieux qu'il n'écrivait. M. Enfantin trouvait la pensée, M. Bazard la formulait.

Si l'on voulait approfondir ce parallèle, il serait facile d'en faire résulter ce regret, que ces deux esprits éminents ne soient pas demeurés dans un poste où ils s'aidaient, où ils se tempéraient l'un l'autre. M. Enfantin harcelant M. Bazard chaque jour, à toute heure, pour qu'à un théorème démontré succédât un théorème nouveau ; le provoquant à des hardiesses successives et infinies ; lui disant sans cesse « en avant, » quand celui-ci voulait attendre et voir ; M. Enfantin, frappant coup sur coup, sans réserve et sans mesure, était la personnification du monde nouveau, pressé d'arriver, pressé de jouir, pressé de régner, pressé de s'installer dans une place prise.

Louis Reybaud

M. Bazard, cherchant des biais, critiquant beaucoup et doctrinant peu, était l'organe d'un procédé transitoire, une voix de conciliation entre l'ordre nouveau et l'ordre ancien. M. Enfantin se tenait sur la voie de l'imagination et de la théorie, M. Bazard sur celle de la logique et de la pratique ; l'un devait s'adresser au sentiment, l'autre à la raison. Que M. Bazard se retirât, et M. Enfantin, livré à lui-même, devenait trop hardi et trop expérimentateur ; que M. Enfantin fît le premier sa retraite, et M. Bazard restait sans force devant ses doutes et ses hésitations : ce n'était plus un chef d'église, mais seulement un philosophe dans la plus belle acception de ce mot.

Quelques germes de division que couvassent ces deux esprits si anomaux, au jour de l'organisation de la hiérarchie, ils semblaient ne faire qu'une tête et un cœur. On fonda le collège dans lequel entrèrent les initiés de la première et de la deuxième époque, les hommes du *Producteur* et ceux de *l'Organisateur*, Plus tard, le siège de la doctrine fut transféré rue Monsigny, où, à quelques mois de là, devait se grouper et s'installer la famille.

Ceci se passait à la veille de la révolution de juillet. Quand la victoire eut émancipé les idées et les affiches, les saint-simoniens en profitèrent pour se donner une publicité de rues. Un étrange placard, signé Bazard-Enfantin, vint se coller hardiment sur les murs de Paris, à côté d'une proclamation de Lafayette et d'un appel à la branche d'Orléans. Le peuple en rit ; mais la chambre des députés, qui était alors en train de s'effrayer de tout, porta gravement l'affaire à sa barre. MM. Dupin et Mauguin signalèrent, du haut de la tribune, une secte qui prêchait la communauté des biens et la communauté des femmes ; imputations auxquelles MM. Bazard et Enfantin crurent devoir répondre le 1er octobre 1830. Voici comment ils le faisaient dans une brochure adressée à la chambre des députés. Aux formes, aux prétentions assez modérées de cet écrit, il est facile de voir qu'il provenait plutôt de l'impulsion de M. Bazard que de celle de son collègue.

« Oui, sans doute, les saint-simoniens professent sur l'avenir de la propriété et sur l'avenir des femmes, des idées qui leur sont particulières et qui se rattachent à des vues toutes particulières aussi et toutes nouvelles, sur la religion, sur le pouvoir, sur la liberté, et enfin sur tous les grands problèmes qui s'agitent aujourd'hui dans toute l'Europe d'une manière si désordonnée et si violente ; mais il s'en faut de beaucoup que ces idées soient celles qu'on leur attribue.

« Le système de communauté des biens s'entend universellement du partage égal entre tous les membres de la société, soit du fonds lui-même de la production, soit du fruit du travail de tous.

« Les saint-simoniens repoussent ce partage égal de la propriété, qui constituerait à leurs yeux une violence plus grande, une injustice plus révoltante que le partage inégal qui s'est effectué primitivement par la force des armes, par la conquête.

« Car ils croient à l'inégalité naturelle des hommes, et regardent cette inégalité comme la base même de l'association, comme la condition indispensable de l'ordre social.

« Ils repoussent le système de la communauté des biens, car cette communauté serait une violation manifeste de la première de toutes les lois morales qu'ils ont reçu mission d'enseigner, et qui veut qu'à l'avenir chacun soit placé selon sa capacité et rétribué selon ses œuvres.

« Mais en vertu de cette loi, ils demandent l'abolition de tous les privilèges de naissance, sans exception, et par conséquent *la destruction de l'héritage*, le plus grand de ces privilèges, celui qui les comprend tous aujourd'hui, et dont l'effet est de laisser au hasard la répartition des privilèges sociaux, parmi le petit nombre de ceux qui veulent y prétendre, et de condamner la classe la plus nombreuse à la dépravation, à l'ignorance, à la misère.

« Ils demandent que tous les instruments du travail, les terres et les capitaux qui forment aujourd'hui le fonds morcelé des propriétés particulières, soient exploités par association et hiérarchiquement de manière à ce que la tâche de chacun soit l'expression de sa capacité, et sa richesse la mesure de ses œuvres.

« Les saint-simoniens ne viennent porter atteinte à la constitution de la propriété, qu'en tant qu'elle consacre pour quelques-uns le privilège impie de l'oisiveté, c'est-à-dire de vivre du travail d'autrui ; qu'en tant qu'elle abandonne au hasard de la naissance le classement social des individus.

« Le christianisme a tiré les femmes de la servitude ; mais il les a

Louis Reybaud

condamnées pourtant à la subalternité, et partout, dans l'Europe chrétienne, nous les voyons encore frappées d'interdiction religieuse, politique et civile.

« Les saint-simoniens viennent annoncer leur affranchissement définitif, leur complète émancipation, mais sans prétendre pour cela abolir la sainte loi du mariage, proclamée par le christianisme ; ils viennent, au contraire, pour accomplir cette loi, pour lui donner une nouvelle sanction, pour ajouter à la puissance et à l'inviolabilité de l'union qu'elle consacre.

« Ils demandent, comme les chrétiens, qu'un seul homme soit uni à une seule femme ; mais ils enseignent que l'épouse doit devenir l'égale de l'époux, et que, selon la grâce particulière que Dieu a dévolue à son sexe, elle doit lui être associée dans l'exercice de la triple fonction du temple, de l'état et de la famille ; de manière à ce que l'individu social, qui, jusqu'à ce jour, a été l'homme seulement, soit désormais l'homme et la femme.

« La religion de Saint-Simon ne vient que pour mettre fin à ce trafic honteux, à cette prostitution légale, qui, sous le nom de mariage, consacre si fréquemment aujourd'hui l'union monstrueuse du dévouement et de l'égoïsme, des lumières et de l'ignorance, de la jeunesse et de la décrépitude.

« Telles sont les idées les plus générales des Saint-Simoniens sur les changements qu'ils appellent dans la constitution de la propriété et dans la condition sociale des femmes. »

Cette profession de foi, assez explicite, est l'acte le plus net et le plus précis que nous ait légué le saint-simonisme. Cet acte est d'autant plus précieux qu'il établit, à cette date, sur quel terrain et dans quelles limites les deux pontifes entendaient circonscrire leurs débats avec le monde extérieur.

Cependant l'église était constituée, et qui plus est, elle prospérait. Des apports d'argent avaient eu lieu ; les membres du collège ayant donné l'exemple, on commençait à pratiquer la mise des biens en commun après l'avoir professée. C'est dans cette période ascendante que le saint-simonisme crut utile d'avoir de nouveau une feuille à sa dévotion, feuille dans laquelle l'enseignement oral serait résumé, à côté de la prédication écrite et quotidienne. Le Globe se présenta ;

le Globe, si fier quand *le Producteur* était si humble, *le Globe* s'offrit par l'intermédiaire de l'un de ses propriétaires, M. Pierre Leroux, homme de convictions fermes et d'un talent élevé, penseur profond, écrivain sincère, revenu de la théorie républicaine à la formule du saint-simonisme. Un acte de cession eut lieu le 18 janvier 1831, et les jours suivants *le Globe* parut avec le sous-titre de : *Journal de la Doctrine de Saint-Simon*, laquelle était résumée en première page :

RELIGION.

SCIENCE. INDUSTRIE.

ASSOCIATION UNIVERSELLE.

« Toutes les institutions sociales doivent avoir pour but l'amélioration Morale, intellectuelle et physique de la classe la plus nombreuse et la plus pauvre.

« Tous les privilèges de naissance, sans exception, sont abolis.

« A chacun selon sa capacité, à chaque capacité selon ses œuvres.»

Un vaste élan de prosélytisme suivit l'apparition du *Globe* des Saint-Simoniens. Les imaginations inquiètes et curieuses, les têtes rêveuses et enthousiastes allèrent vers eux. La religion recruta des poètes, des philosophes, des artistes, des industriels. A cette date se rapportent une foule d'initiations, celles de MM. Raynaud Hoart, Emile Pereire, Mmes Bazard et Saint Hilaire, et successivement, à quelque distance les unes des autres, celles de MM. Lambert, Saint-Chéron, Guéroult, Charton, Cazeaux, Dugueit, et plus tard encore, Stéphane Flachat-Mony. Nous ne citons que les noms de quelque intérêt. En revanche, la religion fit alors une perte, celle de M. Eugène Rodrigues, enfant chaste et naïf, mort trop vite pour sa gloire, théosophe enthousiaste qui laissa toute son âme dans ses *Lettres à Burns sur la politique et la religion*. Comme, vers ce temps, les initiés étaient devenus trop nombreux pour qu'ils pussent tous forcer à la fois les portes du collège, on établit, comme une sorte de noviciat, deux collèges préparatoires du troisième et du second degré, se déversant l'un dans l'autre, et formant ainsi deux pépinières où se recrutait le grand et suprême collège. Cette ère de propagande ascendante se résuma par la constitution définitive

Louis Reybaud

de la famille, et par son installation dans la rue Monsigny. Ainsi l'association était introduite dans la vie bourgeoise. On avait fondé le ménage à frais communs, la famille en grand pour le monde, la famille en petit pour Saint-Simon ; un spécimen de l'humanité future.

Au dehors pourtant, la religion faisait du bruit et presque du scandale. Diverses voies avaient été simultanément ouvertes à l'apostolat. Prédications, missions, brochures, polémique quotidienne, tout rayonnait au loin dans un but de propagande. Sous la direction de MM. Hyppolite Carnot et Dugied, l'enseignement avait été ouvert dans quatre locaux différents : à la salle Taitbout, à l'Athénée, dans la rue Taranne et dans la rue Monsigny. D'hebdomadaires, les prédications étaient devenues quotidiennes ; on les appropriait à l'intelligence de l'auditoire ; on les faisait vulgaires et simples pour les ouvriers, poétiques et animées pour les artistes, sévères et précises pour les savants. Des centres d'organisation avaient été organisés par les soins de M. Henri Fournel dans les douze arrondissements de Paris. Enfin, six églises départementales, à Toulouse, à Montpellier, à Lyon, à Metz, à Dijon, s'étaient déjà mises en rapport avec l'établissement métropolitain.

De son côté, *le Globe* agissait comme un levier incessant sur une masse de lecteurs que la curiosité conduisait parfois à l'examen, le sarcasme à la réflexion. Au nombre des choses remarquables qui parurent dans cette feuille, il faut citer une Economie politique de M. Enfantin, qui entrait dans les questions courantes, et, sans les prendre au point de vue exclusif et absolu de la doctrine, les résumait en combinaisons judicieuses et pratiques. Le chef saint-simonien descendit même alors jusqu'à proposer, dans l'organisation économique, quelques réformes transitoires.

Il commençait par poser ce principe :

« La société ne se compose que d'oisifs et de travailleurs ; la politique doit avoir pour but l'amélioration morale, physique et intellectuelle du sort des travailleurs, et la déchéance progressive des oisifs. Les moyens sont, quant aux oisifs, la destruction de tous les privilèges de la naissance, et, quant aux travailleurs, le classement selon les capacités et la rétribution selon les œuvres. »

Ceci établi, M. Enfantin consentait à ne pas exiger tout d'un coup la réalisation absolue et complète de cette théorie. Il admettait des procédés de transition ; il les créait, il les développait.

Parmi les réformes proposées par le chef saint-simonien, la plus décisive était l'abolition des successions collatérales, prolégomènes évident de l'abolition de l'héritage. La succession collatérale, avec ses fractionnements multiples, avec son cortège de procès, plus ruineux encore pour la société que pour les individus, la succession collatérale à douze degrés surtout, était une loi civile d'un mérite fort contestable, qu'on pouvait modifier sans que la société en fût ébranlée autrement qu'à la surface. Il y avait utilité et convenance à discuter si cette succession, appliquée en tout ou en partie au dégrèvement de l'impôt, ne serait pas un instrument beaucoup plus actif, beaucoup plus direct, beaucoup plus fécond qu'il ne l'est aujourd'hui dans sa répartition chanceuse ; à discuter encore si le respect pour les privilèges pécuniaires de la famille devait s'étendre si loin que l'on dût préférer, à l'intérêt de tous, l'intérêt de quelques parents éloignés, inconnus au défunt, souvent ses ennemis, n'ayant pas, pour combattre des désirs impies et avides, l'affection qui fait patienter un héritier direct, l'amour filial plus fort qu'une pensée de survivance. Ce retour au trésor public de successions fractionnées les aurait empêchées, comme elles le font, d'ajouter quelques cent mille francs de plus à l'épargne d'un oisif, et les aurait rendues profitables à tous et à chacun comme réduction des taxes. Il est vrai que le drame et le vaudeville auraient été privés de la grande péripétie d'oncles et de cousins morts dans les Indes, oubliés et millionnaires ; il est vrai encore que la succession Stephen Gérard, ce leurre qui a duré dix ans, n'aurait plus la faculté de remuer tous les Gérard de France, au nombre de deux cent soixante-et-quinze. Mais les Gérard et les vaudevilles se seraient résignés avec le temps.

C'était donc là, selon M. Enfantin, une perception toute faite, une rentrée facile et variable seulement, comme le chiffre de la mortalité annuelle. Que si l'on trouvait un inconvénient et une occasion d'abus à ce que le gouvernement héritât, gérât, administrât, vendît des propriétés main-mortables, il était facile d'imposer tel droit progressif et presque équivalent sur les successions, en les frappant d'une manière d'autant plus lourde qu'elles résulteraient d'une prétention plus lointaine. La conséquence de la même réforme, son complément obligé devait être une forte augmentation de droits sur l'héritage au premier degré. Entrer dans cette thèse avec M. Enfantin, c'est toucher une plaie vive, c'est froisser bien des espérances, contrarier bien des loisirs à l'avance rêvés ; mais il n'en reste pas moins comme un fait évident, que le droit sur les successions, si énorme qu'il puisse être, sera toujours l'impôt le plus juste et le plus rationnel, parce qu'il prend la fortune là où elle est, au moment où elle change de mains, où elle se déplace, souvent pour arracher à un labeur productif des hommes qu'elle voue désormais à une oisiveté ou partielle ou complète.

Après avoir indiqué ce nouveau mode de perception, M. Enfantin aime à en suivre les résultats et à en indiquer les emplois les plus fructueux. Grâce à l'abolition des successions collatérales et à l'augmentation des droits de succession en ligne directe, on pouvait supprimer, d'après lui, l'impôt sur le sel, la loterie et les contributions indirectes, ou bien encore employer le fonds commun qui proviendrait de cette mesure à des destinations productives, comme l'établissement d'écoles publiques, l'amélioration des voies de transport, l'embellissement des villes, la propagation des bons procédés agricoles, etc.

Placée sur ce terrain, l'économie politique du *Globe* rendit, il faut savoir l'avouer, des services essentiels à la cause de l'émancipation industrielle, que d'autres écoles avaient déjà chaudement et utilement poursuivie. Les débats de l'amortissement, de l'emprunt, de la dette publique, de l'impôt, dont la presse et les chambres étaient alors saisies, trouvèrent de beaux et rudes jouteurs dans la feuille saint-simonienne. Si toutes les solutions qu'elle présentait n'étaient pas acceptables et pratiques, toutes ses critiques étaient profondes et justes, armées de chiffres et de preuves. Nulle part la mobilisation de la propriété et l'institution des banques ne trouvèrent des promoteurs plus zélés. Une banque, pour M. Enfantin, n'était pas une caisse d'escompte triant et classant son papier ; c'était une société commanditaire de l'industrie, chargée de distribuer les instruments du travail, de la manière la plus favorable aux producteurs et à la production.

A côté du chef de la doctrine, d'autres polémistes, d'autres savants surveillaient les autres thèses politiques et industrielles. Déjà M.

Stéphane Flachat-Mony poussait l'industrie vers des voies nouvelles et progressives. Doué d'une patience admirable d'investigation, d'une lucidité onctueuse et impulsive, il éclairait tout à la manière de Franklin, en s'élevant de la recherche des faits aux combinaisons théoriques. M. Emile Pereire préludait aussi à cette réputation que le National lui continua : le premier, il vengeait la statistique, tant de fois profanée ; il en refaisait la langue, il en réhabilitait l'emploi ; il lui rendait sa conscience de chiffres et sa loyauté de déductions.

D'autres cerveaux élaboraient la poésie, l'éloquence et la philosophie saint-simoniennes. M. Barrault évoquait l'orientalisme avec ses formes pompeuses et ses vêtements drapés. M. Michel Chevalier tonnait sur le monde en périodes si sonores et si belles ; il lui prédisait une ère si pleine de gloires et de magnificences ; il lui donnait un soleil si beau, des moissons si dorées, des fruits si savoureux, des populations si épanouies, tant de canaux et tant de chemins de fer, tant de richesses et tant d'échanges, de telles grandeurs, de telles voluptés, de telles harmonies, que les plus indifférents ouvraient les yeux et les oreilles, s'enivraient de ces rêves d'opium, se laissaient bercer par ces contes de diamant et d'or, qu'on eût dit détachés des mille contes de Shéhérazade. Les philosophes et les moralistes ne demeuraient point en arrière. MM. Leroux, Jean Raynaud, Charles Duveyrier, attaquaient, de haut et largement, le cercle éternel dans lequel roulent les métaphysiques ancienne et moderne. Dieu et l'homme ; ils expliquaient l'un et l'autre par la théorie saint-simonienne ; ils discutaient la loi de la croyance, la loi de la hiérarchie ; ils expliquaient l'humanité et son histoire, sa perfectibilité infinie, sa progression lente, mais sûre, vers un avenir toujours meilleur. Nobles et consolants travaux, qui ont en eux de quoi payer ceux qui les abordent, même quand ils restent incompris et méconnus !

Cette période d'harmonie et d'union marqua, quoi qu'on ait pu dire, l'apogée du saint-simonisme. Quand, au premier déchirement intérieur, l'anarchie éclata entre ceux qui s'en étaient fait un argument contre le monde, quand on les vit mal gardés par leur doctrine contre les faiblesses vulgaires ; lorsqu'en un mot, la fraternité universelle eut brusquement déchiré son programme, il y eut, parmi les profanes, un indéfinissable mouvement d'opinion réactionnaire, et un temps d'arrêt dans le prosélytisme

Louis Reybaud

d'ordre supérieur. Ce qui survint ensuite, en fait de progressions et de conquêtes, résultait de l'élan primitif ; c'était presque l'accomplissement d'une loi dynamique.

V. — QUATRIÈME ÉPOQUE.
Schisme. — Scissions de la Famille. Retraite de Ménilmontant. — Le Livre nouveau.

Depuis longtemps, les deux têtes qui ceignaient la même tiare, ou la même couronne, comme on voudra, ces deux têtes étaient travaillées de pensées divergentes. M. Bazard, tout en consentant à passer de l'état d'école à celui d'église, avait arrêté, dans son plan, de s'abstenir d'éclats immédiats. Il voulait que les théories eussent pénétré dans les esprits avant de hasarder la pratique : il désirait convaincre et non enthousiasmer ; il s'adressait aux hommes de discussion et d'examen. M. Enfantin ne se résignait pas à cette préparation lente et chanceuse. De toutes les façons par lesquelles on agit sur les organisations humaines, il savait que la plus prompte, la plus décisive, la plus triomphante, c'est l'engouement. Il comptait sur le cœur plus que sur l'esprit, sur le sentiment plus que sur la raison ; il voulait passionner les artistes et les poètes. Que lui importait sa petite famille, à lui qui rêvait la famille universelle, à lui qui comptait réaliser de son vivant une suprématie éclatante et complète, une royauté politique et religieuse ? Aussi, dès qu'il vit que Bazard ne pouvait plus, ne voulait plus se mettre à son pas, il résolut de le laisser en route et de continuer seul.

Par quels moyens il resta le maître dans ce conflit d'autorité, cela s'explique, cela se conçoit. M. Enfantin, demeuré seul, avait encore un rôle à jouer ; M. Bazard n'en avait plus. Poussé jusque-là dans des voies hardies, ce dernier n'avait pas même la décision nécessaire pour se maintenir au point où on l'avait conduit. Il eut reculé sans doute ; et reculer en rase campagne quand on a contre soi le nombre, quand on n'a pour soi que son audace, c'est être vaincu. M. Enfantin devait donc détrôner, *absorber* son collègue ; c'était dans l'ordre.

La rupture éclata au sujet de deux questions capitales, l'affranchissement du prolétaire et l'affranchissement de la femme.

L'affranchissement du prolétaire pouvait se poursuivre et s'avouer en face de l'univers. Seulement, il venait s'achopper contre l'article 291 du Code pénal, et, comme vers ce temps les sociétés populaires fatiguaient le gouvernement et la bourgeoisie, il était possible que le parquet prît l'affranchissement du prolétaire en assez mauvaise part. M. Bazard recula devant cette expérience chanceuse. Quant à l'affranchissement de la femme, non-seulement il présentait des dangers plus grands encore, mais, en outre, il froissait M. Bazard dans une corde personnelle. Soit que M. Enfantin laissât à la moralité future une latitude peu édifiante, soit qu'il dît trop ce qu'il voulait faire ou qu'il ne le dît point assez, toujours est-il que son collègue ne voulut pas encourir la solidarité d'un scandale probable. Après de vives discussions, qui prirent un caractère récriminatoire, M. Bazard se retira, profondément navré de la lutte, souffrant dans ses affections, triste. Liesse au cœur, devant mourir à peu de mois de là. Alors une scission eut lieu. La famille de la rue Monsigny se sépara en deux camps, l'un aux couleurs de M. Enfantin, ayant foi en lui, quoi qu'il advînt ; l'autre dévoué à M. Bazard, et prêt à le suivre dans sa retraite. Le 19 et 21 novembre 1831 survinrent deux réunions générales de la famille, épisodes caractéristiques dans la vie saint-simonienne. M. Bazard refusa d'y assister ; il se résignait, il s'avouait vaincu. Dans la première séance, M. Enfantin parla d'abord. Il développa la théorie qui le divisait de M. Bazard, l'appel à la femme, conviée au sacerdoce en même temps que l'homme, et à titre égal ; il déclara d'une façon solennelle que si le saint-simonisme avait combattu énergiquement et rayé de son évangile l'exploitation de l'homme par l'homme, on ne pouvait ni admettre ni tolérer davantage l'exploitation de la femme par l'homme. Le christianisme, suivant lui, avait émancipé la femme, mais l'avait tenue dans la subalternité : le saint-simonisme devait affranchir la femme, et la poser comme l'égale de l'homme.

« L'homme et la femme, voilà l'individu social, disait M. Enfantin ; l'ordre moral nouveau appelle la femme à une vie nouvelle : il faut que la femme nous révèle tout ce qu'elle sent, tout ce qu'elle désire, tout ce qu'elle veut pour l'avenir. Tout homme qui prétendrait imposer une loi à la femme n'est pas saint-simonien, et la seule position du saint-simonien à l'égard de la femme, c'est de déclarer son incompétence à la juger. »

Passant de là à la théorie du couple-prêtre, de l'individu social, homme et femme, M. Enfantin ajoutait :

« La mission du prêtre est de sentir également les deux natures, de régulariser et de développer les appétits sensuels et les appétits charnels, ainsi que sa mission est encore de faciliter l'union des êtres à affections profondes en les garantissant de la violence des êtres à affections vives, et de faciliter également l'union et la vie des êtres à affections vives en les garantissant du mépris des êtres à affections profondes. »

Et plus loin :

« Qu'elle sera belle la mission du prêtre-social, homme et femme ! qu'elle sera féconde ! Tantôt il calmera les ardeurs inconsidérées de l'intelligence, ou modérera les appétits déréglés des sens ; tantôt, au contraire, il réveillera l'intelligence apathique ou réchauffera les sens engourdis ; car il devra connaître tout le charme de la décence et de la pudeur, mais aussi toute la grâce de l'abandon et de la volupté. » Jusque-là l'auditoire, bien que remué par des sentimens divers, avait écouté en silence ; mais, à cette dernière définition, M. Pierre Leroux ne se contint plus : « Vous exposez là, dit-il à M. Enfantin, une doctrine que le collège a unanimement repoussée ; je suis venu ici pour vous le dire ; je vais me retirer. » A quoi M. Enfantin répondit : « La preuve de la vérité de mes paroles, vous la voyez. Voilà l'homme (et il montrait M. Pierre Leroux) qui représente le mieux la vertu, telle qu'elle a été conçue jusqu'à présent ; et, vous le voyez, la vertu de cet homme ne peut pas comprendre ce qu'il y a d'universel dans mes paroles. »

Nous le croyons certes bien.

La discussion continua ainsi dans la première séance, mêlée de récriminations et de paroles très vives, et suivie de la retraite en masse des dissidents, parmi lesquels figuraient MM. Leroux, Raynaud, Cazeaux, Pereire et autres. Mais dans la seconde séance,

M. Enfantin ne souffrit plus le débat. Après avoir congédié les protestants d'une façon assez brutale, il s'adressa aux fidèles qui lui restaient, et leur montra le fauteuil de M. Bazard, resté vide à ses côtés, comme le symbole de l'appel à la femme. M. Rodrigues se leva après lui, et fit un autre appel, l'appel à l'argent, dont il voulait installer la puissance morale. Ce jour-là, la hiérarchie se modifia une fois encore : M. Enfantin fut déclaré, par M. Olinde Rodrigues, l'homme le plus moral de son temps, le vrai successeur de Saint-Simon, le chef suprême de la religion saint-simonienne ; puis, avec le même sérieux, M. Olinde Rodrigues se posa lui-même comme le père de l'industrie et le chef du culte saint-simonien.

L'aspect de la religion se modifia en même temps que la hiérarchie. On laissa de côté le dogme, travail favori de Bazard, pour se tourner vers les questions de culte et de morale. On passa de la spéculation à la réalisation. La chair fut solennellement réhabilitée ; on sanctifia le travail, on sanctifia la table, on sanctifia les appétits voluptueux, le tout en se servant de termes assez lestes, car on attendait que la femme vînt donner à la religion le code de la délicatesse et de la pudeur. Cette venue de la femme, cette attente d'un Messie de l'autre sexe fut le long rêve de la dernière période saint-simonienne. On ne pouvait pas marcher sans elle ; on l'invoquait chaque jour ; on la voyait partout. La femme manquant, le couple sacerdotal demeurait incomplet ; la religion cheminait boiteuse. Aussi, pour décider cette révélation nouvelle, employa-t-on tous les moyens à l'aide desquels on agit sur l'imagination et sur les sens. L'hiver de 1832 fut une longue fête dans la rue Monsigny. La religion se couronna de roses, elle se sanctifia à la fumée du punch et aux dansantes harmonies de l'orchestre ; elle convia tout Paris à ses fêtes, bien sûre que Paris ne lui rendrait pas ses politesses. A ces réunions parurent quelques femmes élégantes, jeunes, gracieuses, fraîches, jolies, qui dansaient pour danser, riaient pour rire, le tout d'une façon mondaine, et sans entrevoir le côté profondément religieux de ces danses et de ces rires. La religion y consuma ses dernières ressources, sans que la femme répondît à son appel.

Pour soutenir ce luxe, pour solder ces bals, pour mettre l'ordinaire de la religion sur un pied qui fût à la hauteur des projets nouveaux, il fallait de l'argent, beaucoup d'argent. *Le Globe*, distribué gratis, absorbait une somme annuelle fort importante, et les apports

Louis Reybaud

avaient diminué depuis la rupture. MM. Alexis Petit, H. Fournel, d'Eichtal, Ollivier, Rigaud, Toché, Barrault, et M. Enfantin lui-même s'étaient peu à peu dépouillés pour la religion. En caisse, il ne restait rien, ou il restait peu de chose en numéraire ; les propriétés qui formaient le solde du fonds commun n'étaient pas facilement réalisables. Le budget, au 31 juillet 1831, présentait une balance presque parfaite entre l'actif et le passif : les dons en argent étaient de 218,000 francs ; les dépenses faites de 250,000. On se serait trouvé en déficit si une somme de 600,000 francs environ, en titres d'immeubles, ne fût pas demeurée libre.

Voilà quelle était la situation financière du saint-simonisme quand M. Olinde Rodrigues lança son appel à l'argent. « Rotschild, Aguado, Laffitte, dit-il, n'ont rien entrepris d'aussi grand que ce que je viens entreprendre. Tous ils sont venus, après la guerre, donner au vaincu le crédit nécessaire pour satisfaire le vainqueur. Leur mission périt et la mienne commence. On escompte à la bourse de Paris, de Londres et de Berlin, l'avenir politique et financier de l'association des travailleurs. J'entreprends de fonder le crédit saint-simonien. » Un acte fut en effet passé par-devant Me Lehon, qui constituait la société collective Benjamin-Olinde Rodrigues et compagnie, sous l'autorisation et avec l'aide de M. Enfantin. Des actions et des coupons d'actions furent émis au capital nominal de 1000 francs, et au capital réel de 250 francs donnant droit à une rente annuelle de 50 francs. La spéculation financière réussit mal, malgré les belles perspectives qu'elle présentait aux preneurs. Un petit nombre d'actions se plaça dans le cercle limité des partisans de la doctrine ; mais cette émission partielle fut plus nuisible qu'utile, car on faisait une affaire d'argent de ce qui avait été jusqu'alors affaire de dévouement. Ceux qui avaient tant donné au saint-simonisme n'avaient pas spéculé sur leurs dons. Le mobile changeait : on s'adressait à la cupidité humaine ; elle répondit moins que le désintéressement.

L'organisation du travail social ne fut guère plus heureuse. M. Stéphane Flachat était demeuré fidèle à la fortune de M. Enfantin, plutôt par affection que par conviction. Il espérait toujours que la lumière morale luirait, d'un jour à l'autre, au sein de cette nuit de doutes, et il s'était dévoué, en attendant, à une mission qui eût réussi par lui, si elle avait eu la moindre chance de réussite.

Quatre mille ouvriers avaient été affiliés : ils travaillaient dans des maisons spéciales pour le compte de la communauté religieuse. Ces essais avortèrent. Ici la certitude du bien-être matériel rendait les ouvriers nonchalants ; là des divisions intérieures se glissaient parmi eux, et il fallait intervenir pour faire respecter la hiérarchie. La masse des saint-simoniens avait augmenté sans doute ; l'appel aux prolétaires avait attiré quelques hommes indigents ; on se prête à tous les essais quand on souffre. Mais pour les retenir, pour en augmenter le nombre, il eût fallu que l'amélioration promise se réalisât ; autrement les prolétaires s'en allaient un à un. La seule formule intelligible pour ces ouvriers, c'était d'être mieux. Elle leur manqua bientôt. Ainsi, des deux parts, c'était un tort et une inconséquence d'avoir déplacé l'action saint-simonienne, d'avoir tenté une réalisation qui devait échouer, et qui, en échouant, laissait le reste de la doctrine sous la prévention d'impuissance.

Cette époque fut d'ailleurs féconde en disgrâces de tout genre. Au moment où la salle Taitbout jetait son plus vif éclat oratoire, au fort des réconciliations publiques et des confessions de Mlle Julie Fanfernaut, quand la mise en scène la plus raffinée donnait à ces réunions un imprévu que n'offrent plus nos théâtres, une brusque mesure de police vint chasser les fidèles du temple, et les mettre à la discrétion des baïonnettes municipales. D'autres poursuites simultanées avaient lieu dans la maison de la rue Monsigny, où la saisie des papiers de la famille forma la base de plusieurs interrogatoires et d'une instruction criminelle. Ce n'est pas tout encore. Des dissensions étaient survenues entre M. Enfantin et M. Olinde Rodrigues, au sujet de la question morale. M. Rodrigues accusait M. Enfantin de promiscuité religieuse, et disait : « J'ai affirmé que dans la famille saint-simonienne tout enfant devait pouvoir connaître son père. M. Enfantin a exprimé le vœu que la femme fût seule appelée à s'expliquer sur cette grave question. » Là-dessus il se sépara en appelant les fidèles à lui, comme au seul disciple et à l'héritier direct de Saint-Simon. La brutalité de la rupture, son inopportunité à la veille de persécutions judiciaires, laissèrent sa sortie sans contre-coup. Seulement, avec lui, s'en allèrent les dernières ressources. Sa retraite discréditait l'emprunt dont il était le titulaire contractant ; et, au lieu d'opérer des placements nouveaux, il fallut rembourser, çà et là, sur les

82,000 francs d'actions réalisées, quelques porteurs de coupons, moins résignés et plus turbulents que les autres. Faute de fonds suffisants, *le Globe* mourut d'abord, puis les ateliers se fermèrent ; enfin la famille de la rue Monsigny fut dissoute.

Alors une dernière transformation eut lieu. A Ménilmontant, au point culminant de la côte, M. Enfantin avait une propriété patrimoniale, qui dominait Paris, une vaste maison avec jardin d'un demi-arpent. Il résolut d'en faire le dernier asile de la famille, sa maison de refuge contre le monde. Là on pouvait s'inspirer dans le recueillement et dans la retraite, attendre la venue de la Femme-Messie, si lente à répondre, pratiquer en petit l'association contemplative et partielle, jusqu'à ce que l'heure eût sonné de l'association universelle et laborieuse. Quoiqu'il fût étrange, après une suite de prédications contre les oisifs, de se vouer ainsi à la vie stérile de l'anachorète, cet état nouveau et purement transitoire avait aussi son aspect saint-simonien. Il s'agissait alors d'abolir la domesticité, en faisant participer les plus hauts et les plus fiers à la tâche du prolétariat ; il s'agissait de former à une discipline de costume et à une vie de continence quarante jeunes moines chez qui la vie débordait ; il s'agissait d'éprouver s'ils soutiendraient jusqu'au bout la gageure, et s'ils seraient aussi forts contre les huées de la foule qu'ils l'avaient été contre les sarcasmes des beaux esprits. Dans un factum net, clair, incisif, intitulé : A TOUS ; M. Enfantin donnait la clé de cette expérience : « J'ai voulu, disait-il, appeler la femme et le prolétaire à une destinée nouvelle. » Puis il expliquait comment sa parole, semée dans Paris, y continuerait sa germination mystérieuse, et comment il n'y aurait bientôt plus d'autre politique que la charte d'avenir qu'il avait fondée.

A Ménilmontant, tout s'organisa ainsi qu'il l'avait dit. Quarante nouveaux Moraves se cloîtrèrent dans ce jardin, le bouleversèrent en tous les sens, taillèrent les arbres, bêchèrent et sablèrent, nivelèrent et arrosèrent, émondèrent, échenillèrent, se firent indistinctement et à tour de rôle chefs d'office, cuisiniers, sommeliers, échansons. On organisa le travail par catégories ; on fit des groupes de *pelleteurs*, de *brouetteurs*, de *remblayeurs*, et pour que la besogne fût moins rude, on l'accompagna d'hymnes composés par un membre de la communauté. Plus tard, quand le public eut ses petites entrées dans le jardin, on lui servit des concerts de cette musique locale, puis, par une insigne et dernière faveur, on l'admit au spectacle du dîner du Père, comme à celui d'un souverain. Tout ceci se faisait d'ailleurs avec les formes voulues et en costume. L'uniforme était simple et coquet : justaucorps bleu à courtes basques, ceinture de cuir verni, casquette rouge, pantalon de coutil blanc, sautoir autour du cou, cheveux à l'inspiré, rejetés et lissés en arrière, moustaches et barbe à l'orientale.

Nous ne voulons pas accepter au sérieux cette phase de l'existence saint-simonienne. La prise du costume, au bruit de la canonnade de Saint-Méry, la lutte entre la famille qui appelait les visiteurs et la police qui faisait croiser devant eux la baïonnette ; les harangues en plein air ; les synodes au milieu du préau, les épisodes sans nombre issus de la curiosité et de l'incrédulité populaires, tout cela formerait un tableau bouffon qui n'est ni dans nos idées, ni dans notre cadre. Il vaut mieux rechercher si, en dehors de cette vie extérieure, arrangée pour la foule, Ménilmontant n'avait pas une autre existence d'élaboration sourde et de travail recueilli. Cette existence, aucun document public ne l'a révélée ; mais il nous a été donné de la suivre par la communication d'un manuscrit où sont déposées les idées écloses dans la retraite.[1] Toute la métaphysique du saint-simonisme, son Catéchisme et sa Genèse, se trouvent dans cet écrit, résumé de plusieurs conférences de la famille et intitulé : LE LIVRE NOUVEAU.

Dans la première séance, M. Enfantin ayant à sa droite MM. Barrault, Michel Chevalier, Lambert et d'Eichtall ; à sa gauche MM. Fournel, Charles Duveyrier et Talabot, voit dans cet ordre et dans ces groupes un fait vivant, un catéchisme ouvert sur deux feuillets, divisés chacun en deux colonnes, d'une part, MM. Fournel et Barrault ; de l'autre, MM. Michel et Charles.

« Dans le premier, ajoute M. Enfantin, l'initiation à la vie se traduit en un verbe. C'est une formule et un langage, c'est la précision algébrique et le texte rimé, c'est le chiffre et la lettre, la métaphysique et la poétique, la grammaire et la prosodie............

« Cette feuille est conçue sous une inspiration semblable à celle qui présidait au catéchisme chrétien ; c'est la conception du verbe,

1 Nous devons la communication de ce document à l'obligeance de notre ami Duveyrier et à celle de Mme Marie Talon, qui en est dépositaire.

Louis Reybaud

et toutefois, avec la conquête de l'algèbre ; c'est Platon développé à travers Descartes et Leibnitz.

« Cette feuille, c'est l'encyclopédie scientifique.

« C'est la formule abstraite et concrète de la vie.

«Dans l'autre feuillet, l'enseignement se produit par une forme et une peinture. C'est le tracé géométrique, le plan, le dessin, l'image animée, colorée, mobile, qui doivent frapper l'homme des sens, de l'acte, la praticien, le théurgien, l'artiste du culte.

« Ce feuillet, c'est l'hiéroglyphe égyptien, mais enrichi du mouvement et de la couleur.

« C'est l'encyclopédie industrielle et l'esthétique nouvelle.

« C'est la forme composée de la vie, comme l'autre feuillet en était la formule abstraite et concrète. »

De cette définition du Catéchisme vivant, le *Livre nouveau* passe aux éléments qui constituent la science générale, et il la trouve dans la *formule* et la *forme* que Descartes avait déjà combinées, dans l'application de la géométrie à l'algèbre, à quoi ajoutant la morale, on trouve le nouveau dogme trinaire qui se compose du sentiment, de la *formule* et de la *forme*.

Tel est le côté mathématique du Catéchisme. Plus loin, en assignant une place à l'algèbre dans la vie morale, et en annonçant que l'époque infinitésimale, indiquée par Leibnitz, a commencé, le *Livre nouveau* ajoute : « Dieu que les mathématiciens révolutionnaires ont vainement chassé de leur sanctuaire, et qui, toujours, pourtant, y est demeuré découvert ou caché sous le nom de l'infini, ou sous le voile trompeur des limites ; Dieu y reparaîtra plus éclatant que jamais pour animer toutes les conceptions. Alors le verbe suprême, le verbe infinitésimal se résoudra dans l'art en paroles et en symboles ; le savant le traduira en formules, et l'industriel en formes limitées ; verbe de poésie et d'amour, il se manifestera par la musique et par l'architecture ; inspirateur divin, il engendrera l'algorythmie et l'esthétique ; parole du prêtre, il enfantera la science et l'industrie, le dogme et le culte. »

Le Catéchisme saint-simonien a aussi son côté grammatical. Comme le langage et l'algèbre se correspondent d'une manière rigoureuse, le *Livre nouveau* établit l'ordre suivant :

Pour le théoricien, le substantif.

Pour le praticien, l'adjectif.

Pour le prêtre, le verbe.

Après quoi le *Livre nouveau* entre dans l'examen de la langue de l'avenir, et il trouve que la langue française est celle qui fournira le plus d'éléments à ce nouvel idiome, empreint d'un grand caractère d'universalité. Suit un long cours de philologie et de littérature, où tous les dialectes anciens et modernes sont passés en revue et appréciés au point de vue euphonique, comparés entre eux, disséqués dans leurs éléments. Nous avons hâte de passer là-dessus pour en venir à la partie essentielle du *Livre nouveau*, à la Genèse du saint-simonisme.

Ici se révèle sous une nouvelle forme cette tendance de la doctrine à pacifier la chair et l'esprit, et à les sanctifier l'un par l'autre. La guerre entre les deux principes n'existe pas seulement dans la politique et dans la morale, elle se retrouve encore dans la science, et la science doit être pacifiée comme le sera la politique. Elle le sera, prétend le Livre, parce que les hommes d'amour qui sentent également la théorie et la pratique, la science et l'industrie, la réalité et l'apparence, imprimeront une foi vivante dans l'harmonie constamment progressive de l'esprit et de la chair, du temps et de l'espace, du nombre et de l'étendue, de la formule et de la forme, de la pensée et de l'acte, de l'unité et de la multiplicité, de l'identité et de la différence, de l'observation et de l'expérimentation, du passé et de l'avenir, de l'autorité et de la liberté, du moi et du non-moi, de l'homme et de la femme, de l'humanité et du monde.

A la suite de ce long détail des choses qui se meuvent aujourd'hui dans des conditions de lutte et d'antagonisme, le *Livre nouveau* prend le ton épique, pour épancher sur le monde ses plus mystérieux trésors.

« Voici, dit-il, la Genèse nouvelle, historique et prophétique, annonçant ce qui est détruit et ce qui doit être créé, ce qui doit mourir et ce qui doit naître.

« Ecoutez !

Louis Reybaud

« J'ai vu dans la nuit des temps anciens des choses merveilleuses.

« La terre disait à Dieu, au sein duquel elle circulait : « Le bien-aimé viendra-t-il bientôt ? »

« Dieu lui disait : « Je ne le susciterai pas encore, car tu n'as pas un arbre à l'ombre duquel il repose ; pas un animal dont la chair ou le lait le nourrissent. L'atmosphère qui te sert de tunique est brûlante.

« Qu'as-tu à lui donner pour le réjouir ? Il cherche des sources fraîches où il puisse se désaltérer, et je ne vois que des flaques d'une eau bourbeuse et amère. Où sont les champs et les trésors qui feraient sa dot ? »

« Et la terre tournait.

« Elle amoncela de gigantesques arbrisseaux, des fougères plus grandes que des hautes futaies, et des roseaux semblables à des sapins. Elle se couvrit de bêtes marchantes, volantes, rampantes, aux membres allongés ; elle enfanta des millions et millions de mollusques. De son sein tirant des trésors, elle les pressa en filons et en couches jusqu'à la surface du sol, mêlant les plus précieux métaux et les plus riches pierreries aux marbres et aux porphyres les plus magnifiques. Cependant l'atmosphère écrasante se changeait en une pluie vivifiante, et elle allait combler les précipices effroyables et restreindre le domaine de la mer.

« Fière alors de son ouvrage, elle se retourna de nouveau vers Dieu, et lui dit : « Viendra-t-il bientôt ? »

« Dieu répondit : « Que viendrait-il faire avec sa vie délicate et ambitieuse, au milieu de cette vie grossière et pauvre que tu as répandue à ta surface ? »

« Et la terre, patiente, enfouit, comme en des magasins, la végétation dont elle s'était fait une première chevelure ; elle retira la vie aux bêtes monstrueuses, aux mollusques informes à qui elle s'était livrée, et la donna à des êtres plus parfaits. La bourbe des eaux forma des montagnes de grès et de schiste, leur sable se changea en couches calcaires. L'atmosphère se tempéra encore ; la terre éjaculait de nouveaux métaux, de nouveaux porphyres, de nouveaux marbres, qui se dressaient en montagnes, ou se répandaient en masses profondes et souterraines.

« A plusieurs fois ces choses se répétèrent.

« Et à chaque fois, Dieu envoyait à la Terre un messager dont l'approche la faisait tressaillir. L'astre porteur de nouvelles allait ensuite au loin réjouir les mondes de la chaleur vitale qu'il avait empruntée à la terre au sein de leur majestueuse communion.

« A chaque fois, c'était pour la terre d'immenses joies.

« Mais à chaque fois, c'était pour elle aussi de grandes douleurs ; car, pendant que les porphyres, les marbres, les serpentines, les granits, le plomb, le cuivre, l'argent, l'antimoine, le platine, l'or, le fer, l'étain, et tous les métaux, bouillonnaient dans ses veines, c'était une fièvre chaude qui la dévorait. Pendant que son axe incertain se balançait, et que la mer poussait d'un pôle à l'autre ses flots écumants, c'était un spasme nerveux ; pendant que l'atmosphère se condensait en torrents, c'était une sueur froide qui lui ruisselait sur le corps ; pendant qu'une vie nouvelle lui surgissait, c'était les angoisses de l'enfantement.

« Et elle s'écria avec douleur : « Le bien-aimé ne viendra-t-il donc pas ? »

« Il viendra, dit le Seigneur ; car telle est ma promesse. Mon dernier messager va partir, et il restera auprès de toi comme témoin de ma parole ; chaque jour il réjouira la vue de l'aspect de sa face au teint d'argent. En mémoire des ébranlements que tu as ressentis à l'approche de mon messager, il fera mollement balancer tes eaux, et les enverra chaque jour lécher les pieds des continents.

« Va, dit le Seigneur, achève ta parure. »

« Ivre d'amour, elle déchaîna les fleuves, les vents, la foudre et les feux souterrains. Voulant exciter les transports de l'époux par un présent magnifique, elle se déchira les flancs, les pétrit et les étendit en plaines riantes, couvertes d'arbres, de fleurs et de troupeaux, là où étaient des rochers affreux et de pestilentiels marécages : elle tamisa les montagnes, en sépara l'or des diamants, et les sema sur les plages où le bien-aimé devait descendre, et dans les riches vallées où il devait s'asseoir.

« Elle entassa dans des cavernes, elle engloutit dans la poussière pâteuse des rochers, elle ensevelit sous des coulées de basalte et de lave, les hippopotames hideux, les tigres et les rhinocéros géants, et les innombrables bandes d'ours et d'hyènes qui régnaient sous le soleil. Avec eux, elle enfouit à de plus grandes profondeurs les palestrines et d'autres bêtes aux formes repoussantes et aux effroyables cris.

«Le bien-aimé était venu. La terre eut aussi un soleil de nuit, qui, tous les jours, haletant, le suivait en tournant, comme une compagne fidèle, et qui, sans cesse fixant sur elle sa face argentée, semble épier ses mouvements, comme le chien caressant qui joue autour du maître.

« Et un autre tableau se déroula devant moi.

« Je voyais dans les mers, au sein des abîmes et sur les flots, des objets prodigieux.

« J'apercevais des régions inconnues, je distinguais une terre promise, gage de la nouvelle alliance de Dieu avec les hommes.

«Les vieux continents tressaillaient comme tressaille une famille à la venue d'un nouveau-né.

« D'innombrables îles, jusque-là silencieuses, s'agitaient, et comme si elles n'eussent pas achevé leur crue, s'assemblaient, s'élevaient au-dessus des eaux.

« L'homme étendait son domaine ; il conquérait les airs et s'y promenait en triomphateur ; il gouvernait les marées comme l'éclusier gouverne son canal ; il tempérait les climats comme le chauffeur tempère son brasier ; il domptait la foudre comme jadis un de nos pères dompta le fougueux étalon.

« L'humanité de ses mains parait le monde comme un époux sa tendre épouse après une longue absence, et elle, fière de ses caresses, écartait de lui les bêtes farouches et les animaux venimeux ; elle éteignait les feux des volcans, égalisait les climats, rappelait les fleuves débordés, modérait les ouragans et étalait de nouveaux empires.

« Gloire à toi. Dieu bon ! gloire à toi, Seigneur Dieu ! qui as donné de si douces destinées à l'homme et au monde ! gloire à celui qui est ton prédestiné et qui est notre père ! gloire à l'homme dont la vie inépuisable se répand par rivières, hors de son sein sur le monde, et lui revient du monde, large et calme, comme le flot de l'Océan paisible ! Gloire à celui qui vit dans le monde, en qui le monde vit et qui l'appelle la moitié de lui-même.

« Gloire à lui, car les battements de son cœur lui montrent ce que veut l'humanité, ce que veut le monde.

« Il a senti que l'homme attendait une épouse nouvelle et il a dit la parole qui la prépare à une nouvelle union.

« Il sent que le monde veut renouer son lien avec l'humanité au moment où l'homme renouvellera le sien avec la femme ; et il avertit l'humanité des noces nouvelles que le monde lui prépare.

« Un jour vient, où le Dieu du progrès, le Dieu calme, le Dieu bon, qui avait donné la terre pour épouse à l'homme et qui voyait l'époux passer en seigneur et maître sur l'épouse, et l'épouse impudique s'abrutir vilement aux pieds de son grossier époux, a envoyé son fils, le Christ, qui rompit l'union, qui dit anathème à la graisse de la terre, roula le monde sous ses pieds, couvrit l'humanité d'un cilice, lui sema la chevelure de cendres, l'astreignit à la macération, et la poussant vers les glaces du Nord, l'enferma dans la cellule d'un monastère.

«Pendant dix-huit siècles, l'épouse se purifia ; l'époux adoucit ses fureurs, et Dieu jugea que la terre approchait du temps où il pourrait les joindre l'un à l'autre. C'est pourquoi préparant l'époux aux joies nuptiales, après l'avoir promené pendant deux cents années sur la voluptueuse terre de l'Orient, il lui ouvrit, au-delà des mers, d'immenses régions où il trouva l'argent, l'or, les pierreries et les riches couleurs pour se parer ; où germèrent tout à coup avec profusion vingt aliments nouveaux, le sucre, le café, les épices, les liqueurs brûlantes qui excitèrent les sens engourdis par quinze siècles d'abstinence.

« Et aujourd'hui Dieu a jugé que le temps des noces nouvelles était venu pour l'homme et pour le monde, et il a de nouveau envoyé son Christ.

« Grand Dieu ! quelle est cette vaste terre encore imprégnée de l'humidité des mers que tu viens de signaler aux hommes, qui étreint l'Asie de ses bras amoureux, et dont les muscles saillent au-dessus des eaux par des files sans fin d'îles et de récifs ?

« Quel est l'avenir de ce continent sans passé ?

«Là où il y a de l'eau, y aura-t-il toujours de l'eau, et la mer ne viendra-t-elle jamais rouler ses galets là où habitent les hommes ?

« Grand Dieu ! ils l'ont appelée la Nouvelle-Hollande ? serait-ce

Louis Reybaud

parce qu'ils doivent y trouver un sol riche et salubre, sur lequel ils transporteront les populeuses cités qu'ils garantissent à grand'peine de l'envahissement des mers, sur des plages sablonneuses ?

«L'Asie, le pays du soleil et de la volupté, aura son piédestal, tout comme l'Europe savante et l'industrieuse Amérique du Nord. Et la terre sera formée de trois couples harmonieusement placés, chacun de deux contrées immenses : Europe et Afrique ; Amérique du Nord et Amérique du Sud ; Asie et Océanie ; c'est-à-dire le commencement et la fin.

« Et pendant que l'homme appelle la nouvelle épouse, les trois époux qui habitent le Nord vont appeler les trois épouses qui habitent le Midi et les attireront vers le lit nuptial qui sera, pour l'un, la Méditerranée, pour le second, l'archipel des Antilles, pour le troisième, les grandes baies de la Chine et de l'Inde. »

Voilà *in extenso* la Genèse inédite du saint-simonisme et l'un des travaux les plus essentiels de Ménilmontant. Quand cette Genèse a déroulé ses périodes cosmogoniques à côté des austérités algébriques et grammaticales du Catéchisme, le *Livre Nouveau* aborde ce que Saint-Simon appelle le *Pic de la Pensée*, le problème de la certitude, problème dans lequel Laplace, combinant Condorcet et Pascal, a produit l'œuvre scientifique où la puissance rationnelle se produit avec le plus d'éclat. Mais le passé a cru au transport possible du fini dans l'infini, et réciproquement au transport de l'infini dans le fini. Telle n'est pas la croyance saint-simonienne.

La croyance saint-simonienne est celle-ci :

« Le problème de la certitude absolue se transforme en la foi au progrès, manifestée par deux ou trois formes de développements également probables ; et, dans la certitude relative, constitue le jeu de l'intelligence sans cesse occupée à déterminer, selon les variations de la loi du progrès, les termes de la loi du temps et ceux de la loi de l'espace. »

Ou autrement :

« A chaque moment et en chaque lieu, l'homme veut, et sa volonté progressive, mais limitée, modifie le moment et le lieu, ou est transformée par eux. Le sentiment qu'il éprouve de l'autorité et de l'obéissance de sa volonté par rapport à ces deux conditions de son être, temps et lieux, le maintient dans cette assurance et cette timidité religieuse que Dieu nous a donné mission d'inspirer à l'humanité nouvelle par nos leçons et par notre exemple, et qui différencient notre vie de toutes les existences du passé. Plus l'homme dispose en maître de son temps, plus il doit mesurer l'espace avec défiance dans sa puissance finie, et plus il domine l'espace, plus il doit compter le temps avec une scrupuleuse timidité ; plus il se livre à son imagination, plus il doit invoquer le secours de la pratique ; plus il obéit à son instinct, plus il doit recourir à sa raison. »

A la suite de ces formules nouvelles, ou plutôt de ce nouveau principe de la certitude absolue, qui en effet ne touche en rien aux travaux antérieurs, M. Enfantin, l'auteur de la partie essentielle du Livre nouveau, fonde une analogie qui lui semble merveilleuse entre la langue métaphysique nouvelle et le calcul des probabilités. Cette analogie est le trinôme : *probabilités, logarithmes, asymptôtes*. « Quand j'eus trouvé ces mots, je fus heureux, s'écrie-t-il, car j'avais trouvé la voie qui me ramenait aux formules et aux formes. »

Le reste du *Livre nouveau* n'est plus qu'une longue équation dans laquelle les algébristes de la doctrine cherchent à dégager son inconnue. C'est un travail dans le genre de ceux de Wronski, qu'il faut renvoyer aux mathématiciens de l'Institut. D'après ce qui précède, on peut voir quel est le caractère du *Livre nouveau*, koran mystérieux dont les initiés vont célébrant partout les sources obscures. A l'opposé de l'œuvre capitale de M. Bazard, l'*Exposition*, qui demeurait en contact par une foule de points avec notre intelligence et notre science profanes, le *Livre nouveau* est l'algèbre de la religion, sa démonstration en formules rigoureuses pour qui les pose, incompréhensibles pour qui les voudrait discuter. Jamais la métaphysique n'avait été si compliquée de calcul différentiel ; jamais religion n'était apparue sous une telle prétention de binôme. Et, ce qu'il y a de plus étrange, c'est qu'en acceptant tout de ce travail, quantités et termes, on n'arriverait à aucune solution sérieusement applicable. Quand Newton trouva la marche des mondes, il en tira au moins des déductions astronomiques, des faits matériels, des lois physiques que la foule pouvait comprendre. Ici, au contraire, l'explication de l'humanité par la science des chiffres aboutit à des formules tellement idéales, que cent formules parallèles s'établiraient à côté de celles-là, sans que l'on put ni débattre ni prouver la prééminence des unes sur les autres.

VI. — CINQUIÈME ÉPOQUE.
Procès. — Dispersion.

La vie de Ménilmontant ne fut pas longtemps tranquille. Depuis le mois de février 1832, une instruction avait été commencée contre les chefs de la famille saint-simonienne. Le 27 août, MM. Enfantin, Duveyrier, Barrault et Rodrigues furent assignés à comparaître par-devant la cour d'assises. Ils descendirent de leur retraite, solennellement, processionnellement, rangés en file, et marchèrent ainsi, entre deux haies de curieux, jusqu'au Palais-de-Justice. Des témoins avaient été assignés ; on les entendit ; après quoi les plaidoyers commencèrent. Chacun voulut débiter le sien, et peut-être mit-on trop d'emphase, trop d'apparat, dans cette défense à la fois individuelle et collective. M. Enfantin eut la prétention malheureuse de vouloir essayer si son regard, puissant sur les siens, exercerait une vertu de fascination sur les juges et sur les jurés. Les jurés et les juges s'en fâchèrent. M. Enfantin prit cela pour une victoire. « L'irritation, s'écria-t-il, est une preuve d'action. » Il dit aux jurés : « Je vous ai vaincus, » et après lui MM. Michel Chevalier, Duveyrier, Barrault et Lambert prouvèrent aux jurés cette défaite par les mathématiques, par l'histoire, par la poésie, par l'esthétique. Les jurés se le tinrent si bien pour dit, qu'ils condamnèrent, probablement pour le fait seul des plaidoieries, MM. Enfantin, Duveyrier et Michel Chevalier.

De ce jour data une période de décadence définitive. La disette frappant aux portes de la communauté, il fallut réduire le personnel et retrancher sur l'ordinaire. On en vint aux expédients ; des missions partirent pour Marseille, Toulon, Lyon et Rouen. On ne dédaigna plus les travaux profanes ; on accepta, on choisit les plus durs, les plus ingrats, les plus humbles. Quelques frères circulèrent dans les rues portant des malles sur leurs crochets, d'autres s'offrirent pour les vendanges de la côte, ne demandant point d'autre salaire que leur part à la gamelle des journaliers ; ceux-ci se firent *canuts* avec les Lyonnais, ceux-là tisserands avec les ouvriers de la Normandie. Par mesure d'économie, souvent alors, à l'heure du dîner, la communauté débordait sur les guinguettes voisines et se préparait aux privations de l'apostolat par des repas économiques.

L'emprisonnement de M. Enfantin fut le signal de la dispersion de la famille. Les uns rentrèrent dans le monde, avec la pensée d'y continuer une propagande sourde et inaperçue ; les autres se vouèrent plus ostensiblement à des travaux évangéliques, et s'embarquèrent, nouveaux Argonautes, à la recherche de la Femme-Messie. Une fois libre, M. Enfantin suivit cette portion de la famille. Après avoir échoué dans la grande entreprise du barrage du Nil, il vient de quitter l'Egypte pour la Judée, en suivant le même chemin que prit le peuple hébreu. Entre lui et ses disciples de France, la communion de croyances se perpétue, à l'aide d'un échange de lettres. L'action hiérarchique subsiste malgré les distances.

Aujourd'hui le saint-simonisme n'a pas renoncé à la conquête du monde. Seulement il y procède par un travail souterrain, et non plus par une révolte ouverte. Ceci est encore une illusion. Le saint-simonisme ne songe pas à un fait grave, c'est qu'il n'a compté dans ses rangs que des adultes ou des hommes bien jeunes encore. En ne posant le système qu'au point de vue viril, deux éléments lui manquaient, la maturité et la vieillesse, c'est-à-dire le calcul et l'expérience. L'âge survenant, le personnel du saint-simonisme se modifiera lui-même, se tempérera, se fondra par un travail d'intérêts et de positions. Cependant cette expérience de la jeunesse n'aura pas été perdue pour ses membres. Ils y auront gagné de se tenir pendant quelque temps à l'écart du monde pour le juger, de se recueillir en des études graves et concentriques ; ils y auront gagné encore de s'inspirer l'un l'autre, d'agrandir l'horizon de leurs sentiments et de leurs pensées, de s'exalter en des discussions orageuses, de fouiller toutes les questions, de les faire pivoter sous tous leurs aspects. Cela peut s'appeler un bel apprentissage de la vie.

Louis Reybaud

Quant au fond même de la doctrine, c'est, comme on a pu le voir, un composé d'éléments anciens, assimilés à l'aide d'un procédé d'amalgame. L'originalité n'est que sur l'épiderme : quand on pousse jusqu'au vif, on trouve le plagiat. Au point de vue religieux, cette réforme du christianisme, ou, si l'on veut, cette révélation nouvelle, interprétative de son axiome fondamental, n'est ni plus sérieuse ni plus méritante que le gros des réformes au petit pied, tentées de nos jours dans l'une et l'autre église, dissidente ou orthodoxe. Ce n'est ni mieux ni plus mal que les essais bibliques ou évangéliques de Shaftsbury, de Woolston, de David Williams, de Connor, en Angleterre ; en France, de Jean Leclerc et de Toustaint ; en Allemagne, de Lessing, de Basedow, de Jahn et de Glabach. Pour l'éclat et le scandale, c'est même demeuré loin de la comédie théophilantropique, jouée vers la fin du siècle passé, avec des acteurs qui se nommaient : La Revellière, Bernardin, Haüy , Dupont de Nemours. Si grande qu'ait été l'imagination des nouveaux Messies, ils sont restés au-dessous de l'expédient du cabaliste Van Helmont, qui, pour mieux parodier Jésus-Christ, se fit rouler dans des langes, et, ainsi emmaillotté, voulut qu'on le déposât dans une étable, où il se prit à vagir. Dans les sphères du mysticisme et de l'illuminisme, ils copient, sans les vaincre, Saint-Martin et Swedenborg ; dans leur théogonie, ils touchent au panthéisme ancien ; dans leur théocratie, ils refont les Hiérophantes, 4es Brames, les Mages, les Druides, les Scaldes, en demandant à l'affection une obéissance absolue que ces prêtres, mieux avisés, demandaient à la terreur. Leur morale, si étrange qu'elle soit, n'est guère plus neuve. C'est, pour les relations entre les sexes, de l'épicurisme, complique de polygamie ou de polyandrie, le tout aggravé, au profit du prêtre, de quelque chose qui ressemble à l'ancien droit du seigneur.

Entré dans la science avec la prétention de terminer le duel qui y subsiste entre la matière et l'intelligence, le saint-simonisme n'a guère fait que continuer l'école sensualiste, en développant Cabanis à travers Locke et Condillac. Même avortement dans les matières politiques et sociales. Pour retrouver les premiers traits de la cosmogonie saint-simonienne, le gouvernement d'harmonie et d'amour, codifié dans la loi vivante ; le procédé hiérarchique si vague et si abusif, l'anathème sur l'héritage, la gestion par main morte, le monopole sacerdotal, réservoir immense d'où la propriété doit découler sur le monde par des millions de canaux ; pour retrouver tout cela, il suffit de feuilleter Platon, Diodore, tous les théosophes grecs, Laplace, l'abbé de Saint-Pierre, Geoffroy Saint-Hilaire dans sa *Théorie des Analogues*, Thomas Morus dans son *Utopie*, Daniel de Foë dans son *Essai sur les Projets*, Lantier dans son *Voyage d'Antenor*, Colebrooke dans ses *Recherches sur la mythographie hindoue*. Quant à ses plans confus d'association et de travail commun, le saint-simonisme est demeuré en arrière de Zinzendorf, de Robert Owen, de Kapp et de M. Charles Fourrier, réalisateurs plus explicites, plus positifs, plus vrais dans leurs méthodes sociétaires. Les sciences exactes ne lui doivent rien, si ce n'est l'intention, formellement accusée, de les renouveler plus tard de fond en comble. Enfin l'économie politique, dont il assure avoir changé la face, est encore, après lui, ce que l'ont faite Quesnay, Turgot, Smith, Say, Ricardo et Sismondi. A part quelques thèses d'ordre secondaire où il a plaidé, conséquent à sa foi, pour l'autorité contre la liberté industrielle, pour la mercuriale contre la concurrence, pour le tarif contre l'affranchissement fiscal, controverses de détail jetées au milieu des mille controverses qui partagent la science, il n'a réellement rien fait, rien dit, rien signalé, que les maîtres n'aient signalé, dit et fait avant lui.

Maintenant, de ce que le saint-simonisme n'a pas eu, en réalité, autant d'importance qu'il a affecté de le dire, nous ne voulons pas conclure que son passage au travers de ce monde ait été un incident complètement inutile, et qui doive toujours rester infécond. Une foule de questions, qui sommeillaient avant lui, ont été, par le fait seul de son avènement, éveillées d'une façon si brusque et si bruyante, que, placées désormais en relief, elles sont acquises à la curiosité générale, et livrées à cet esprit d'analyse, qui, tôt ou lard, agira sur elles par un travail de transition. Le saint-simonisme sera à l'avenir social ce qu'est un ballon d'essai dans une expérience aéronautique. Le ballon d'essai s'enlève aux yeux de la foule étonnée, monte, s'amoindrit peu à peu, et se noie dans l'espace : après un rôle court et brillant, c'est fait de lui ; mais le grand aérostat y a gagné du moins de connaître l'état des zones atmosphériques, et les caprices des aires de vent qui l'attendent sur son chemin.

Louis Reybaud

II. CHARLES FOURIER

Depuis que des idées de réforme sociale ont été jetées dans la circulation, nous savons des prosélytes ardents qui s'éveillent chaque matin avec l'espoir d'assister, dans la journée, à leur avènement et à leur triomphe. Il nous fâche de troubler ces rêves enthousiastes, et de ramener au vrai des esprits qui se passionnent peut-être avec plus de chaleur que de connaissance de cause ; mais ce serait une direction fatale, à notre sens, que celle qui tendrait à livrer aux hasards de la polémique courante des questions mystérieuses encore, moins mûres qu'on ne se plaît à le croire, et qui attendent beaucoup des hommes et du temps, des hommes une valeur d'application, du temps une consécration finale. Évitons donc, avant tout, de faire un objet d'engouement irréfléchi de ce qui doit être le but d'études longues et persistantes.

On s'abuserait en outre d'une façon bien étrange, si l'on supposait que les révolutions se manifestent, dans l'ordre social, sous une forme aussi vive et aussi rapide que dans l'ordre politique. Produit de la force matérielle, un mouvement politique s'illumine de tant d'éclat, pèse avec tant de vigueur, commande avec tant d'autorité, qu'il règne à l'instant même, se légitime, se fait reconnaître, quoi qu'on en ait : pourvu qu'il soit accepté ou souffert par le faisceau des volontés collectives, peu lui importe de rencontrer, au sein de quelques consciences, des antipathies latentes et des désaveux secrets. Un mouvement social ne se produit point ainsi : résultat d'une action plus lente et plus douce, il intéresse moins la masse et davantage l'individu : pendant que le mouvement politique gronde seulement à la porte, il vient s'asseoir, lui, au foyer de la famille, s'adresse à la raison et au sentiment, dispute son terrain pied à pied, et lutte longtemps avant de pouvoir s'établir. Le mouvement politique s'impose en bloc ; le mouvement social se laisse marchander ; l'un frappe, l'autre discute ; l'un a des baïonnettes pour se faire obéir, l'autre n'a que sa parole ; l'un peut se contenter d'un succès négatif, l'autre a besoin d'une adhésion complète et sincère.

Cette différence explique pourquoi, dans l'histoire du monde, nous voyons tant de conquérants qui réussissent, et tant de réformateurs qui échouent. Bien des changements ont eu lieu, depuis l'établissement du christianisme, dans la destinée des empires, sans que la constitution sociale, telle qu'elle a découlé de la révélation chrétienne, en ait été troublée autrement qu'à la surface. Des réformes religieuses, des schismes retentissants, comme ceux de Luther et de Calvin, n'ont pu même établir entre les deux familles, orthodoxe et protestante, une différence telle qu'on puisse dire aujourd'hui que les deux sociétés se sont séparées, comme l'ont fait les deux églises. Il y a plus : entre la loi qui gouverne la civilisation actuelle et celle qui régissait les civilisations anciennes, il existe, comme on le sait, une foule de points d'attache et d'analogies qui trahissent une filiation irrécusable. Nos codes sont latins, nos arts sont grecs ; nos usages et nos mœurs donnent la main aux mœurs et aux usages antiques. Partout où un code social est parvenu à s'enraciner, les mêmes symptômes de vitalité et d'énergie ont marqué son existence. Vingt siècles et six conquêtes successives n'ont pas entamé la loi hindoue, ses habitudes de sang et ses révoltantes catégories ; le contact journalier de l'Europe a glissé, sans pénétrer bien avant, sur la loi islamite et ses farouches défiances. Ainsi, de quelque côté que l'on porte le regard, à quelque race que l'on s'adresse, on rencontre partout, dans l'état social d'un peuple, une fixité ennemie du changement, un éloignement profond de tout ce qui ressemble à une expérience. Toute civilisation est une masse ; elle résiste par son poids.

Si les choses ont marché de la sorte, il ne faut pas croire que cela provienne du manque de réformateurs. Non : les réformateurs n'ont jamais failli au monde ; c'est le monde qui leur a fait défaut. A diverses époques se sont révélés des esprits inquiets, qui, prenant pour point de départ les vices inhérents aux sociétés humaines, ont voulu en tirer la conclusion d'une réforme nécessaire, et préparer les voies à un ordre meilleur. Sans parler des utopistes de second ordre dont les spéculations ne sont pas arrivées jusqu'à nous, combien d'hommes illustres dans la science ou dans les lettres n'ont-ils pas cherché à déplacer notre milieu social, et à lui créer, dans les sphères d'une moralité plus pure, d'autres conditions de vie et d'équilibre ! Il ne serait pas nécessaire de remonter bien haut dans l'histoire des théories audacieuses, ni même de franchir le seuil du XIXe siècle, époque de témérité s'il en fut, pour trouver des hommes qui,

Louis Reybaud

malgré la réserve que commandaient les temps, ont rompu une lance contre la civilisation moderne, soit à l'aide de fictions plus cruelles qu'un blâme direct, soit en s'appuyant sur des projets de réforme étudiés et méthodiques, soit enfin en mêlant la pratique à la théorie, l'action à la spéculation. Que sont Thomas Morus, Daniel de Foë, Zinzendorf, Fénelon, J.-J. Rousseau, Fontenelle, G. Penn, Bernardin de Saint-Pierre, si ce n'est des réformateurs, qui se présentaient armés d'un système, ou original, ou écho d'autres systèmes ? Eux aussi, ils avaient vu par combien de points la société est vulnérable, combien les relations y sont mêlées d'hypocrisie et d'intrigue, de perfidie et de mensonge, de haine et de corruption, de jalousie et de défiance ; combien les bonnes natures y sont livrées sans défense aux mauvaises, et à l'aspect de tant de misères, eux aussi, pris d'une sainte compassion, ils s'étaient demandé si, même en faisant sa part à la dépravation humaine, il était impossible de réaliser quelque chose de plus lumineux que ce chaos, de plus harmonieux que cette discordance, de plus logique que cette anomalie. De là des essais dans lesquels ces esprits supérieurs ou ingénieux ont cherché pour l'humanité des combinaisons plus normales, tantôt dans une autre éducation, tantôt dans d'autres éléments de moralité ; de là des pages éloquentes, que l'univers a lues sans vouloir, sans pouvoir s'amender dans la direction d'idées qu'il accueillait avec faveur, soit que ces idées fussent inapplicables, soit que la force de la routine l'emportât sur les velléités fugitives d'une métamorphose. La *Salente* de Fénelon avec sa magistrature de vieillards, l'*Utopie* de Thomas Morus avec son roi couronné d'épis, furent impuissantes, l'une et l'autre, à déterminer un essai de réalisation dans les voies du modèle. L'exemple des établissements moraves, bien plus concluant encore, ne poussa point l'univers dans les expériences du ménage commun et du travail sociétaire ; l'*Emile* n'eut guère plus d'influence sur l'éducation du premier âge que le *Contrat social* sur les institutions de l'âge viril ; enfin, la fraternité entre les hommes, si oubliée depuis le Christ, se ressentit aussi peu des fondations pieuses de Guillaume Penn que des allégoriques incitations de Bernardin de Saint-Pierre. Et encore étaient-ce là, nous le répétons, ou de grands écrivains qui ne traversèrent point leur siècle obscurs et inaperçus, ou des esprits éminents qui s'étaient, à d'autres titres, emparés du respect et de

II. CHARLES FOURIER

l'attention des hommes.

A Dieu ne plaise que nous voulions verser un froid découragement sur ces organisations ardentes qui se passionnent pour l'inconnu et s'immolent à sa recherche ! Autant que personne nous sentons le prix de ces dévouements opiniâtres, autant que personne nous reconnaissons l'ascendant de ces vocations impérieuses. C'est le plus noble emploi que l'homme puisse faire de ses facultés, et, dans une société où tout procède du calcul, il faut tenir un grand compte de ce qui se base sur le sacrifice. Cette vie de révolte ouverte avec les idées reçues a, il est vrai, ses charmes ignorés de la foule, ses émotions, ses joies, ses compensations inespérées ; mais en revanche que de combats, que de mécomptes, que d'amers et douloureux désappointements ! Oui, que les esprits nécessairement et fatalement liés à des œuvres de pure spéculation, travaillent pour l'avenir, sinon pour notre siècle : cela importe à l'humanité, qui, plus tard, classera et triera leur butin. Même quand ils échouent, même quand ils s'égarent dans de fausses routes, ces penseurs méconnus ont droit aux vœux de tous, aux sympathies générales. Seulement, à côté de quelques hommes qui portent le sceau de la vocation sur le front, il est pénible de voir voltiger les parasites qui accourent vers le nouveau sans conviction, sans études, comme des éphémères dans un rayon de soleil. C'est en vue de ces papillons de la science sociale que nous avons voulu surtout établir ce fait, prouvé par l'histoire, consacré par l'expérience, que la couronne du réformateur n'est pas exempte d'épines, et que, pour un qui réussit, mille tombent ignorés sur les chemins.

VIE ET TRAVAUX DE CHARLES FOURIER. — SON ÉCOLE.

Charles Fourier est l'homme d'une idée exclusive. On peut dire qu'il a traversé ce monde sans s'y mêler. Il a ignoré l'art de se faire deux existences, l'une dans le domaine de sa fiction, l'autre dans le domaine de la réalité. Enfant et adulte, deux faits le frappèrent : l'un, à l'âge de cinq ans, fut une réprimande subie parce qu'il avait, dans le magasin de son père, marchand de draps à Besançon, contrarié un mensonge de boutique par la révélation naïve de la vérité ; l'autre, à dix-neuf ans, fut une submersion volontaire de grains, à laquelle il dut assister à Marseille, en sa qualité de commis d'une maison de commerce. Ces deux faits, et il se plaisait à le rappeler souvent, lui ouvrirent les yeux sur la nature des relations humaines : d'une part il vit le mensonge imposé à l'enfance et dominant dans les transactions, de l'autre il vit le monopole fondant ses bénéfices sur l'anéantissement des produits. Double fausseté, double perfidie. Dès-lors il pressentit qu'un ordre nouveau devrait tôt ou tard se fonder sur la sincérité dans les rapports et l'harmonie dans les intérêts.

Ainsi prévenu dès ses premiers pas dans le monde, son rôle fut celui de l'observation et de l'isolement. Une répugnance instinctive, une défiance calculée ne lui permirent pas de s'engager tellement dans les habitudes sociales, qu'elles devinssent pour lui, comme pour les autres, une seconde nature ; il ne s'y livra pas à ce point de perdre la force de les juger et l'énergie de les combattre. Fourier se fit alors une méthode qui fut celle de sa vie, la loi de sa pensée, la clé de sa découverte ; il partit pour examiner ce qui se passait autour de lui et en dehors de lui, du *doute absolu* et de l'*écart absolu* ; ce sont ses termes. Redresseur soupçonneux, il put dès-lors envisager les choses comme elles étaient, et non comme elles apparaissent à ceux qui s'abandonnent mollement, sans retour sur eux-mêmes, au courant des idées reçues. Aussi la civilisation actuelle ne se révéla-t-elle à lui que par ses non-sens et par ses désastres. Il vit l'adultère installé à l'ombre du mariage, la corruption à l'ombre de la politique, la médiocrité à l'ombre de l'intrigue ; il vit l'humanité usant ses forces en luttes vaines, s'agitant au milieu de destinées confuses, s'énervant dans des chocs éternels et sans résultats ; il vit tous nos travers, toutes nos douleurs, toutes nos misères, nos pauvres ambitions, nos fausses joies, et notre rire mouillé de larmes. Bien convaincu de l'énormité du mal, il saisit alors deux flambeaux, l'un la *douleur* physique ou morale comme signe d'erreur, l'autre la *satisfaction*, le *plaisir*, comme signe de vérité ; puis, ainsi armé, il chercha le mieux, et, dans sa pensée du moins, il le trouva.

Les angoisses de l'humanité n'ont qu'une cause sérieuse, selon Fourier, réelle, enracinée, profonde ; c'est de ne pas comprendre les voies de Dieu, qui n'a rien fait d'essentiellement mauvais, d'essentiellement inutile. Si l'humanité ne fonctionne pas avec la

II. CHARLES FOURIER

même harmonie qui préside à la marche des mondes, c'est qu'on s'obstine à lui donner une impulsion contraire à l'impulsion divine. Entre le créateur et la créature, il y a eu cinq mille ans de malentendu. Jusqu'ici en effet tous les codes de philosophie et de morale ont prétendu distinguer deux sortes d'instincts chez l'homme, ceux-ci bons, ceux-là mauvais, et l'éducation a visé dès-lors à développer les uns et à comprimer les autres. Or, à quoi a servi ce travail de compression appliqué depuis bien des siècles aux mauvais penchants, si ce n'est à prouver qu'ils étaient, comme les bons, de nature indélébile et d'origine supérieure ? Ceci établi, que reste-t-il à faire maintenant, sinon à essayer si ces penchants, si ces instincts que l'on qualifie de mauvais n'ont pas, dans l'harmonie générale des êtres, un emploi, une destination nécessaire, s'ils ne sont pas, en un mot, un bienfait au lieu d'être un fléau. Utiliser les passions, leur assurer un libre et entier développement, de manière à ce que toutes servent et qu'aucune ne nuise ; associer les facultés et les forces, tels furent, comme on le verra bientôt avec plus de détails, le point d'appui de la découverte sociétaire, les fondements de l'édifice de Fourier.

Ce fut sous le coup de cette révélation, confuse encore, qu'il publia, dès 1808, un livre demeuré longtemps obscur, la *Théorie des quatre mouvements*, auxquels il devait plus tard ajouter un cinquième mouvement, le *mouvement aromal* qui comprend les corps impondérables, l'électricité, le magnétisme, etc. La *Théorie des quatre mouvements* est déjà tout le système : dans ce que ce volume signale et dans ce qu'il sous-entend, se trouve la pensée entière de l'inventeur ; les autres livres ne seront plus que des développements et des commentaires. Déjà il s'agit d'abolir le ménage morcelé pour faire prévaloir le ménage sociétaire, d'organiser l'humanité par phalanges et d'y faire régner une harmonie générale, résultat de l'*attraction passionnée*, termes qui expriment le jeu libre des passions dans l'ère nouvelle. Tout ce qui doit plus tard faire la force et la parure de la théorie se trouve pressenti, annoncé, prophétisé ; l'association agricole, le travail alterné, les courtes séances, les phases cosmogoniques du globe, l'organisation par groupes et séries, la rémunération appliquée aux sciences, aux lettres et aux arts, le principe de l'analogie universelle, rien n'est omis, pas même la formule devenue célèbre : associer les

Louis Reybaud

hommes en capital, travail et talent. Cependant, malgré ses mérites, l'ouvrage est une composition bizarre et trop peu méthodique ; les formes de l'organisation sociétaire y sont tellement enveloppées dans la critique, qu'elles ne s'en dégagent pas encore d'une manière suffisamment nette, suffisamment précise.

Ce qui frappe le plus un lecteur ordinaire, dans ce livre comme dans tous les livres de Fourier, c'est la puissance des études, et l'étendue des lectures qu'ils supposent. Fourier touche à toutes les sciences, exactes ou naturelles, avec autorité, avec supériorité ; il touche à la littérature par une foule de citations ingénieuses, à l'histoire par les preuves qu'il y puise, à l'industrie par des observations pleines de portée et de sens ; aux mathématiques par les déductions sévères qu'il leur emprunte, à la philosophie par un système d'agression constante qui témoigne clairement qu'il l'a interrogée sous tous ses aspects. Et pourtant celui qui a ainsi parcouru, comme en se jouant, le cercle de nos connaissances, pour s'en isoler ensuite et les déclarer vaines, ce penseur, cet inventeur, est un simple commis marchand qui n'ose pas signer son nom, et qui ne livre au public que son prénom Charles, en se déclarant prêt à répondre à toutes les objections qu'on lui adressera. Hélas ! peu d'objections lui parvinrent. Charles n'eut que de rares lecteurs, et presque tous sans doute le prirent pour un visionnaire.

Fourier ne s'était pas fait illusion sur le sort de son œuvre ; il connaissait les hommes, comme sa vie entière l'a prouvé ; mais sachant mieux qu'un autre que sa théorie glisserait sur les intelligences ordinaires, il espérait que tôt ou tard elle frapperait l'attention d'un homme riche ou puissant, d'un banquier ou d'un grand seigneur, qui le sait ? peut-être d'un roi. Ce qu'il fallait à Fourier, c'étaient moins des hommes sympathiques à ses idées, que les moyens de les réaliser ; il ne visait pas à fonder une école, mais il aspirait à une expérience. Il espérait que la magnificence des résultats, la beauté des solutions, leur rigueur mathématique, la pompe des plans, leur grandeur, leur utilité, détermineraient en sa faveur, ou une intervention fastueuse, ou une grande coopération financière. Il patientait ainsi, faisant peu de bruit, parce qu'il se croyait tous les jours à la veilla d'une épreuve décisive. Ce fut là une des illusions de Fourier : Ni l'aristocratie de naissance, ni l'aristocratie d'argent, ne prirent garde aux merveilles semées dans

II. CHARLES FOURIER

son volume. D'ailleurs quel intérêt auraient-elles pu avoir, ces deux puissances, à changer le monde dans lequel on leur a fait une si belle part ? Elles y règnent ; que leur faut-il de plus ?

Après la *Théorie des quatre mouvements*, Charles Fourier se tut pendant de longues années, méditant sur sa découverte au milieu des occupations ingrates et mercenaires d'un comptoir, espérant toujours, attendant toujours. Cependant, en 1822, il reparut devant le public avec son *Traité de l'association domestique agricole*, qu'il n'osa pas, à ce qu'il dit, intituler : *Théorie de l'unité universelle*. Cet ouvrage, annoncé en six volumes, n'en a eu que deux ; mais ils suffisent aux plus nécessaires comme aux plus vastes développements de la théorie. Là Fourier marque nettement et naïvement sa place à côté de Newton. Newton a découvert l'attraction *matérielle*, lui, Fourier, a découvert l'attraction *passionnée*. A l'un la science de la vie planétaire, à l'autre la science de la vie humaine. L'analogie universelle, l'unité harmonieuse qui préside aux fonctions de l'univers, étaient, selon Fourier, des faits incompatibles avec la destinée actuelle de l'homme, si incohérente et si misérable. Elles indiquaient suffisamment qu'il fallait rentrer dans les voies des créations normales et bien ordonnées. Ainsi toutes les passions devaient trouver leur place dans le système humain, comme les corps célestes trouvent la leur dans le système sidéral. Pour cela, il fallait les laisser obéir, les unes comme les autres, à leur loi d'impulsion inhérente, et non leur opposer un système de compression qui tend à les jeter violemment hors de leurs sphères. Que si les conditions du milieu social s'opposaient au libre développement des passions, ce n'était pas les passions elles-mêmes qu'il fallait en accuser, car les passions, bonnes ou mauvaises, sont d'inspiration divine, et par cela même légitimes et inaltérables, mais bien le milieu social, création de l'homme, périssable comme lui, et pouvant se modifier à son gré.

Tout le livre de Charles Fourier et ceux qui le suivirent, le *Nouveau monde industriel* (1829), *le pamphlet contre Saint-Simon et Owen*, enfin les articles du *Phalanstère*, ne sont plus que les corollaires d'une théorie dès-lors complète et assise. Ayant trouvé un monde dont le pivot était l'agriculture, et le mouvement l'association, Fourier tenait à en régler jusqu'aux plus imperceptibles détails, ce

Louis Reybaud

qui l'entraîne en des développements diffus, où il n'est pas toujours possible de le suivre. Ces développements curieux et inouïs, qui demandaient un grand effort de méditation et une magnifique puissance d'isolement, furent les seuls côtés par lesquels on consentit à envisager ses théories. Les parties sérieuses furent dédaignées, mais on s'arrêta sur des bizarreries de détail qui prêtaient au sarcasme. On s'occupa de Fourier pour en rire ; mais ce fut là tout. Le rire est mortel en France. Il ôte la faculté et le désir d'aller au cœur des choses. Aussi l'inventeur du mécanisme sociétaire ne rencontra-t-il que des désappointements et des mécomptes, toutes les fois qu'il sollicita de la part des hommes qui dirigeaient alors le mouvement des idées, l'assistance de la plus modeste publicité. Les philosophies rivales ne furent ni plus obligeantes, ni plus justes. Les princes de l'éclectisme, puissants alors, éconduisirent avec des railleries un homme qui avait une doctrine et qui ne concluait point à toutes ; le saint-simonisme, né à peine, et qui avait déjà les prétentions d'un parvenu, refusa son concours à un homme qu'il dépouillait pourtant dans ses idées ; enfin Robert Owen, qui fondait à la même heure, en Angleterre, ses sociétés coopératives, répondit à quelques avances de Fourier par des Ans de non-recevoir au moins dédaigneuses.

Repoussé de ce monde, il ne restait plus à Fourier qu'à vivre dans celui qu'il s'était créé. Contraint jusqu'à l'âge de soixante ans à copier des lettres pour gagner le pain du jour, son seul bonheur, ses seules jouissances, étaient dans les rêves issus de sa découverte. Il se promenait, glorieux, au milieu de populations libres et enthousiastes qui le saluaient comme un bienfaiteur et le couronnaient comme un roi ; il parlait à ces êtres, fils de son imagination, une langue que seuls ils paraissaient comprendre, il bâtissait son Phalanstère, le peuplait, l'organisait, conduisait lui-même au travail des groupes d'Harmoniens, fondait une ville, une capitale, une métropole, unissait par le lien sociétaire l'orient à l'occident, le nord au midi, voyait proclamer un empereur du globe, et posait de sa main, sur la tête d'un savant du premier ordre, le laurier décerné par deux millions de phalanges. Douces fêtes de l'imagination, vous étiez les seules joies permises à la fière et noble pauvreté de celui qui semait ainsi des perles sur le globe !

Tant de travaux, tant d'efforts, ne pouvaient pas toutefois être

II. CHARLES FOURIER

perdus. A défaut de monarques qui lui tendissent la main, et de capitalistes qui le comprissent, Fourier trouva des disciples qui allèrent vers lui sans qu'il fût allé vers eux. La réalisation lui échappait, mais il allait fonder une école. Déjà, en 1814, il avait conquis M. Just Muiron, qui, dès-lors associé à son œuvre, avait vainement poursuivi l'une de ses applications dans la fondation d'un *comptoir communal*, pour lequel l'académie de Besançon refusa son concours. Mais la propagande s'était arrêtée depuis longtemps à cette acquisition isolée, lorsqu'un jeune homme, plein d'énergie et de science, M. Victor Considérant, s'attacha, se voua aux idées de Charles Fourier, comme au seul avenir des destinées humaines. Élève de l'École Polytechnique, M. Considérant apportait à l'école cette raison calme et réfléchie, cette rectitude mathématique qui marchent toujours vers le côté rigoureux des choses. Homme d'ardente exécution, il chercha à tirer sur-le-champ la doctrine sociétaire des voies spéculatives où elle se serait alanguie et stérilisée. Charles Fourier, sûr de sa force, attendait que l'on vînt à lui, et dans les relations ordinaires il apportait la forme absolue, tranchante, impérieuse de ses théories. M. Victor Considérant chercha à faire naître quelques occasions de contact entre ce génie boudeur retiré dans sa tente et un monde qui l'avait froissé, faute de le connaître. On essaya divers moyens de propagation : des conférences furent ouvertes à Paris, dans lesquelles Fourier exposa quelques parties isolées de son système ; puis on songea à la province, et M. Considérant ouvrit à Metz le premier cours public sur la théorie.

C'était alors le moment où, après avoir jeté quelque éclat, le saint-simonisme se dispersait dans les voies du doute et du découragement. Quelques-uns de ces novateurs, et entre autres deux hommes distingués par leur savoir, MM. Jules Lechevalier et Abel Transon, gagnés à la foi sociétaire, passèrent sous les drapeaux du maître, en proclamant sa supériorité. M. Jules Lechevalier ouvrit un cours à Paris et le publia ensuite par livraisons ; M. Abel Transon donna à la *Revue Encyclopédique* deux articles qui résumaient la loi sociétaire. D'autres ouvrages fortifiaient cette propagande. M. Victor Considérant produisait tour à tour *la Destinée sociale*, les *Considérations sur l'architectonique*, *De l'un des trois discours à l'Hôtel-de-Ville*, et *la Débâcle de la politique en France* ; M. Just Muiron, les *Transactions de Virtomnius* ; Mme Clarisse Vigoureux, les *Paroles de providence* ; M. Morize, les *Dangers de la situation actuelle de la France*. Peut-être aurait-on à reprocher à quelques-unes de ces publications un défaut commun, à côté de belles qualités ; ce serait celui de se préoccuper beaucoup trop de petits débats quotidiens qui devraient s'effacer toujours devant des questions de lointain avenir. Nous aimerions mieux aussi, dans la forme, plus d'onction et moins de rudesse, plus de ménagements surtout envers les hommes d'intelligence, qui se dévouent au périlleux honneur d'intéresser, chaque matin, un public blasé et moins avancé qu'eux en toutes choses.

Grâce à ce concours de publicistes et de penseurs, la propagation prit quelque essor, et l'on dut songer à lui créer un organe. Un journal, *le Phalanstère*, fut fondé par les soins de Mme Vigoureux et de MM. G.... et Baudet-Dulary, alors député. MM. Victor Considérant, Jules Lechevalier, Abel Transon, Pecqueur, Paget, Morize et Pellarin concoururent à sa rédaction. Bientôt on alla plus loin : cette réalisation si vainement attendue par Fourier, on entrevit la possibilité de l'entreprendre. MM. Baudet-Dulary et Devay frères mirent en commun, à Condé-sur-Vesgres, de vastes propriétés sur lesquelles devait se poursuivre l'établissement d'une Phalange. On commença en effet les travaux ; on mit en culture une partie des friches, quoique par le procédé banal ; on maintint en rapport les terres qui l'étaient ; on construisit quelques bâtiments d'exploitation rurale ; mais tout cela fut incomplètement fait et avec des fonds insuffisants pour la réussite. Plus tard même, les ressources manquèrent, et on s'arrêta. Il y avait eu avortement, mais il n'y avait pas eu essai.

Alors une chose demeura bien prouvée aux hommes d'exécution, c'est qu'il ne fallait désormais hasarder une tentative nouvelle qu'avec le plus beau et le plus complet développement de moyens. La déconvenue de Condé-sur-Vesgres fut fatale à divers titres ; non-seulement elle se présenta dans le public sous la forme d'une expérience malheureuse, mais elle réagit même sur les membres de l'école ; il y eut hésitation et temps d'arrêt ; plusieurs se retirèrent pour chercher dans la politique un mobile plus immédiat, un aliment plus réel à leur activité. *Le Phalanstère* disparut ; il se fit comme un silence autour de Charles Fourier.

II. CHARLES FOURIER

Celui qui releva son drapeau fut encore M. Considérant ; il publia *la Phalange* et reprit les travaux de propagation. Mais mûris par l'expérience, les disciples de Fourier ne semblent plus vouloir désormais s'isoler du monde : ils acceptent en pratique les conditions de la société actuelle, toutes réserves d'ailleurs faites pour l'avenir. Ce sont maintenant de simples ingénieurs qui désirent prouver à tous, et par un essai, la valeur d'un mécanisme sociétaire renfermant en germe les plus beaux et les plus féconds résultats. Il y a plus : calculant avec justesse combien leur action sera lente et difficile sur des hommes rompus à d'autres habitudes, ils entendent opérer d'abord sur des enfants, et fonder un *institut sociétaire* où ils seront élevés selon la méthode de Fourier, et dans le sens de *l'éclosion des vocations*. Il paraît même que déjà un établissement de ce genre a été fondé à l'île Maurice, et que les résultats ont dépassé toutes les espérances préconçues. Dans cette institution (*infants school*), l'éducation commence au sevrage, et à trois ans les enfants sont déjà sociétairement utiles. Aucun moyen de contrainte n'y est employé ; toutes les passions du jeune âge, le mouvement, le bruit, l'inconstance, la gourmandise même, y sont non-seulement soufferies, mais utilisées. Avant d'accepter ces faits qui se passent à trois mille lieues de nous, attendons une réalisation moins lointaine et plus à portée d'un contrôle.

Voilà où en était la méthode de Fourier, surveillée par lui, appliquée sous ses yeux, quand la mort est venue l'atteindre à l'âge de soixante-six ans. Depuis huit mois, la maladie l'avait enveloppé de manière à ne laisser d'action qu'aux palliatifs. Pas plus à ses derniers moments que dans le courant de sa vie, ses amis n'ont fait défaut à sa glorieuse indigence. Il est mort pauvre, mais entouré de soins, comme eût pu l'être un riche.

Fourier était petit et maigre ; mais sa physionomie avait le plus beau caractère. Il portait dans le regard quelque chose de profond et d'amer, d'élevé et de malheureux ; et sur son front pouvait se lire le problème social dont il poursuivit si longtemps la solution au milieu de l'indifférence et du sarcasme,

Louis Reybaud

COUP D'ŒIL GENERAL SUR LA DÉCOUVERTE.

Le grand tort de Charles Fourier a été celui-ci : né, pour ainsi dire, hors de nos sphères, il n'a jamais daigné comprendre qu'il fallait y vivre pour y acquérir quelque ascendant. Quand il se fut posé à lui-même, et dans l'assentiment de sa pensée, tous les termes d'une équation gigantesque, il les crut à l'instant même acceptés par tout le monde. Plus il marcha dans sa découverte, plus cette prétention se fortifia en lui. Au début, mieux conseillé par le besoin d'un succès, quand il voulait parler à la foule, il se mettait à peu près à la hauteur de son oreille ; mais quand, plus tard, il se fut enivré de sa spéculation, ces derniers ménagements cessèrent. Parce qu'il avait marché, il s'imagina qu'on l'avait suivi ; il parla de sa théorie comme d'un fait régnant, d'un fait dominateur ; il en parla dans une langue qu'il avait créée pour elle, et que dès-lors il regardait comme universellement admise. De la part d'un créateur, cet orgueil s'explique et se justifie. Pour l'artiste, la Galatée était complète ; il l'avait pétrie de sa main, il l'avait animée de son souffle, et, glorieux de la voir sourire, il ne croyait pas que personne eût le droit de nier sa vie et sa beauté.

Cet état d'extase et d'isolement, d'idée fixe et souveraine, ne permit pas à Fourier de donner à ses révélations une forme qui en rehaussât la valeur, une forme attrayante pour les gens du monde, concluante pour les savants. Exact et méthodique dans ses idées. Fourier ne l'était pas dans leur exposition ; il manquait d'ordre et d'enchaînement. Aussi, pendant que l'on aperçoit toujours le lien qui unit les combinaisons sociétaires, on est quelquefois à se demander pourquoi ces combinaisons ne se déduisent pas mieux, dans les livres de Fourier, les unes des autres, et ne s'engendrent pas, pour ainsi dire. Un monde où l'harmonie doit régner aurait pu être décrit et prouvé avec plus d'harmonie. C'est que Fourier possédait moins sa théorie qu'il n'était possédé par elle. Une fois sur le trépied, il se laissait aller au souffle du dieu, obéissant à sa passion, car toute passion, d'après lui, doit être obéie, ne la réglant pas, ne la contenant pas dans les bornes d'une dialectique précise et d'une tempérance sévère. Sans avoir voulu ni pu peut-être classer à part deux natures de preuves bien séparables et bien distinctes, il mêlait la critique à l'organisation, quittant l'ordre *harmonien* pour l'ordre civilisé, frappant d'un côté, exaltant de l'autre ; tout cela au hasard, pêle-mêle, d'une manière verbeuse et diffuse ; combattant sans cesse avec des armes non acceptées, celles de sa théorie, au lieu de se tenir, comme il l'eût pu souvent, sur le terrain des faits incontestés et généraux. De là éparpillement, confusion, bizarrerie, incohérence, qui ne disparaissent qu'après un long travail du lecteur sur lui-même et sur la pensée de l'auteur. Quand ce n'est pas la méthode qui rebute, c'est l'expression. S'exagérant peut-être les avantages d'une terminologie nouvelle pour un monde nouveau, Fourier a abusé du néologisme systématiquement, et, disons-le, puérilement. Là où la langue consacrée eût amplement suffi à l'évolution et à l'expression de ses idées, il a cru devoir continuer son rôle d'inventeur, et refaire le dictionnaire français en même temps que l'éducation humaine. Ainsi, quand il eût pu diviser ses matières par chapitres, sections, appendices, corollaires, préfaces, avant-propos, introductions, prologues, ce qui eût été légitime et compris, il nous offre, dans son idiome des *cis-légomènes*, des *Inter-liminaires*, des *Epi-sections*, des *Citer-logues*, des *Citrà-poses*, ce qui est une prétention au moins oiseuse et qui touche presque au ridicule.

Un autre défaut de Fourier, c'est l'abondance, non pas l'abondance qui féconde, mais celle qui noie. Infailliblement l'inventeur du monde sociétaire aurait trouvé beaucoup moins de personnes disposées à marchander sa valeur scientifique, si, au lieu de jeter sa théorie dans un moule immense, il l'eût, au contraire, condensée dans un petit nombre d'aphorismes substantiels, vigoureusement frappés et sûrs de leur empreinte. Ce travail de résumé devait précéder le travail du développement ; l'ordonnance générale avant les détails, la synthèse avant l'analyse, ce sont là des vérités banales. Il est regrettable que Fourier leur ait désobéi. Cependant, si sévères que nous voulions être vis-à-vis d'un esprit supérieur, nous ne pouvons disconvenir que cette profusion de gracieux tableaux, que ce cercle confus et passionné de créations naïves, joyeuses, inattendues ; que ce désordre charmant, cette incohérence de surface, qui sont une faute chez le savant, ne deviennent un titre réel pour l'homme d'imagination et pour le poète. Les couleurs de ces paysages sont si fraîches et d'un effet si neuf, il y a tant d'éclat et tant de verve dans ces Géorgiques idéales, qu'on s'abandonne,

Louis Reybaud

malgré soi, au flot descriptif, sans regretter l'appui moins fragile d'une démonstration sérieuse. C'est de l'idylle répandue à côté de la philosophie, du Théocrite près du Platon.

Un dernier reproche. Certes, il serait fâcheux que l'on fît de la science au musc et au jasmin, et de la logique à l'eau de rose ; mais il ne l'est pas moins, à notre sens, de donner un air rébarbatif et inculte aux vérités que l'on veut introduire. Un savant ne doit être ni un paysan du Danube, ni un élégant du grand monde ; il ne doit tremper sa plume ni dans le vinaigre, ni dans les essences. Le ton d'un savant qui démontre et qui veut attirer à lui, est un ton doux, grave, persuasif, ne concédant rien quant au fond, mais prêt à se ployer à tous les tempéraments de forme. Peut-être Fourier aurait-il dû en cela résister un peu à ses élans de franchise et de rudesse ; peut-être aurait-il fondé plus sûrement son autorité sur les intelligences, si à la supériorité de sa doctrine il eût joint ce que le saint-simonisme avait de plus que lui, l'onction dans le style et la parfaite convenance dans le langage.

Ces prémisses posées, nous allons, après avoir fait l'historique et la critique des travaux de l'inventeur, entrer dans l'analyse de ses découvertes. Cette analyse aurait demandé de longs volumes, si nous ne lui eussions appliqué une méthode de triage sévère et de rigoureuse sobriété. Notre intention n'a pas été, ne pouvait pas être d'initier nos lecteurs à tout le système de Fourier : ce serait impossible et inutile ; la route serait trop longue, et ils ne nous y suivraient pas. Qu'ils aient une idée nette de l'ensemble de la théorie et de ses principes génératifs, c'est tout ce que nous avons voulu. Pour leur rendre cette étude plus claire ; nous avons évité, autant qu'il était en nous, d'entrer dans un vocabulaire dont il eût fallu, à chaque minute, leur donner la clé. La même vue de simplification nous a fait élaguer la partie critique. Que notre univers ne soit point parfait, c'est ce qui est admis pour tout le monde, et ce qui a été prouvé mille fois depuis sept ans : toute preuve de ce genre a facilement le tort de dégénérer en déclamation, et nous avons mieux aimé y renoncer que courir ce risque. Enfin, en parcourant la partie organique de la doctrine sociétaire, on verra que nous l'avons dégagée des détails qui ont attiré sur l'inventeur des plaisanteries devenues banales. On a tant abusé de cette méthode de facile appréciation, qu'il y a aujourd'hui, ce nous semble,

II. CHARLES FOURIER

quelque bon goût à s'en abstenir.

COSMOGOME ET PSYCHOGONIE.

On a fait de Charles Fourier un matérialiste, à cause de quelques mots hasardés sur la reproduction infinie de la matière. Nous croyons qu'il y a un malentendu en ceci, un malentendu résultant du système toujours vicieux des classements et des parallèles. Si l'on voulait trouver un nom dans l'école philosophique qui répondît davantage à la loi sociétaire, Fourier serait un panthéiste à la façon des saints-simoniens, ou un sensualiste de l'école de Locke et de Condillac.

Charles Fourier n'a pas, il est vrai, abondé dans les idées métaphysiques à l'exclusion des idées matérielles ; mais c'est, comme il l'avoue lui-même, parce qu'il fallait réorganiser le corps avant de réorganiser l'esprit, les instincts devant, dans l'ordre nouveau, être satisfaits comme les passions, les besoins comme les sentiments. La lutte entre les deux principes, le bien et le mal, d'origine philosophique, n'avait, d'ailleurs, plus rien à faire dans un système qui prenait pour point de départ la légitimité, la nécessité de tous les élans de l'âme et de la chair.

Le sommet de la doctrine de Fourier, c'est Dieu ; mais en appelant Dieu esprit, il ne se déclare pas pourtant exclusivement spiritualiste. Il semble admettre, au contraire, que Dieu, l'homme et l'univers, comme êtres absolus et infinis, peuvent, par de certains côtés, s'absorber et se confondre. Ce serait à peu près la formule saint-simonienne : « Dieu est tout ce qui est, » et un transport du fini dans l'infini. Cependant, en d'autres passages, Fourier distingue le créateur de la créature, parle de Dieu comme d'un être existant de son fait, et du christianisme comme d'une croyance qui nous a ramenés à de saines notions religieuses. Dieu, d'après lui, doit être notre première étude ; c'est en cherchant en nous la révélation des instincts qu'il y a mis, leur application, leur utilité, leur sainteté, que nous devons trouver la clé des destinées futures de l'homme. Insistant peu, d'ailleurs, sur ces données métaphysiques, Fourier fait de la nature trois principes éternels et indestructibles : Dieu, la matière, la justice ou les mathématiques. Ici, entre Fourier et les autres philosophies plus de rapprochement possible ; il marche vers ses idées. Dans la toute-puissance de Dieu, il trouve la cause, et dans sa justice, la raison des destinées générales. Or, la volonté universelle se manifeste et se témoigne par l'*attraction universelle* ; attraction dans l'humanité, attraction dans l'animalité, attraction dans les corps inorganiques. C'est cette attraction qui, pivotant sur elle-même, incessamment produit, incessamment détruit, incessamment conserve. De là cinq mouvements : mouvement *matériel*, attraction du monde, devinée par Newton ; mouvement *organique*, attraction emblématique dans les propriétés des substances ; mouvement *instinctuel*, attraction des passions et des instincts ; mouvement *aromal*, attraction des corps impondérables ; mouvement *social*, attraction de l'homme vers ses destinées futures. De l'attraction universelle est née l'analogie universelle, résultant, selon Fourier, d'une loi mathématique qu'il a accusée sans la justifier toutefois. Toutes les passions ont leur analogue dans la nature, depuis les atomes jusqu'aux astres. Ainsi, les propriétés de l'amitié seraient calquées sur celles du cercle, celles de l'amour sur celles de l'ellipse, etc. N'insistons pas : ceci est plus ingénieux que vrai ; il y a là un pressentiment, mais point une découverte.

La cosmogonie de Fourier a aussi ce caractère divinatoire et cette prétention à une seconde vue. Le monde, d'après lui, aura une durée de quatre-vingt mille ans ; quarante mille d'ascendance, quarante mille de descendance. Dans ce nombre sont enveloppés huit mille ans d'apogée. Le monde est à peine adulte ; il a sept mille ans ; il n'a connu jusqu'ici que l'existence irrégulière, chétive, irraisonnable de l'enfance ; il va passer dans sa période de jeunesse, puis dans la maturité, point culminant du bonheur, pour descendre ensuite vers la décrépitude. Ainsi le veut la loi d'analogie ; le monde, comme l'homme, comme l'animal, comme la plante, doit naître, grandir, se développer et périr : la seule différence est dans la durée. Quant à ce qui est de la création, Dieu fit seize espèces d'hommes, neuf sur l'ancien continent, sept en Amérique, mais toutes soumises à la loi d'unité et d'analogie universelles. Néanmoins, en créant le monde actuel, Dieu se réserva d'autres créations successives pour en changer la face ; ces créations iront à dix-huit. Toute création s'opère par la conjonction du fluide austral et du fluide boréal. Jusqu'ici,

II. CHARLES FOURIER

il n'y a eu qu'une création ; les autres attendent qu'on ait trouvé pour elles un autre milieu, un milieu viable, un milieu d'harmonie. Alors les hommes cultiveront l'univers jusqu'au soixantième parallèle, et des orangers fleuriront dans la Sibérie ; une couronne boréale, espèce d'anneau semblable à celui de Saturne, se fixera sur le pôle-nord, dissoudra ses glaces et rendra ses mers navigables. En même temps, une décomposition subite dans les eaux de l'Océan en dégagera la partie saline, et en fera une boisson agréable et utile aux navigateurs. C'est à la suite de ces phénomènes que devront se produire les créations nouvelles, toutes plus parfaites que la nôtre. Comme on le voit, ceci n'implique encore aucune preuve, et ne vaut pas qu'on s'y arrête, si ce n'est par curiosité.

En psychologie, non seulement Charles Fourier croit et professe l'immortalité de l'âme, mais il laisse supposer qu'il admet l'immortalité, ou tout au moins la reproduction infinie de la matière. Les âmes étaient avant la vie, elles sont après la vie ; mais, pour n'être point isolées des jouissances matérielles, elles rejoignent toujours la matière. Il y a emprunt ici. Nous sommes sur les traces de la transmigration hindoue et de la métempsycose pythagoricienne. Seulement avec Fourier les âmes ne descendent point dans l'échelle des êtres ; les âmes humaines se transfusent toujours dans des corps humains, soit sur notre globe, soit dans d'autres. Avant la fin de la carrière planétaire, elles auront alterné huit cent dix fois de l'un à l'autre monde, c'est-à-dire qu'elles auront fourni mille six cent vingt existences, dont cinquante-quatre mille ans dans une autre planète et vingt-sept mille dans celle-ci. Quant aux planètes elles-mêmes, leur grande âme ne meurt pas, mais passe en d'autres planètes avec les âmes qu'elles portent, de manière à ce que ces dernières croissent en bonheur et en développement pendant plusieurs milliards d'années.

Si la théorie de Fourier n'eût rien produit de plus résistant à l'examen que cette genèse, il serait demeuré, dans des données analogues, un peu au-dessous de Pythagore et de Fontenelle, et nous n'aurions point ici à nous occuper de lui. Il a, d'ailleurs, senti lui-même que cette portion de son travail paraîtrait, aux yeux du public, résulter moins d'une inspiration calme que d'une hallucination ; et averti par l'attitude de son école, qui répugnait à le suivre sur ce terrain, il a écrit ces lignes :

Louis Reybaud

« Mais qu'importent ces accessoires à l'affaire principale, qui est l'art d'organiser l'industrie combinée, d'où naîtront le quadruple produit, les bonnes mœurs, l'accord des trois classes, riche, moyenne et pauvre ; l'oubli des querelles de partis, la cessation des pestes, des révolutions, de la pénurie fiscale, et l'unité universelle.

« Les détracteurs se dénoncent eux-mêmes en m'attaquant sur des sciences nouvelles, cosmogonie, psychogonie, analogie, qui sont en dehors de la théorie de l'industrie combinée. Quand il serait vrai que ces nouvelles sciences fussent erronées, romanesques, il ne resterait pas moins certain que je suis le premier et le seul qui ait donné un procédé pour associer les inégalités et quadrupler le produit en employant les passions, caractères et instincts tels que la nature les donne. C'est le seul point sur lequel doit se fixer l'attention, et non pas sur des sciences qui ne sont qu'annoncées.

« Étrange despotisme que de condamner toutes les productions d'un auteur, parce que quelques-unes sont défectueuses ! Newton a écrit des rêveries sur l'Apocalypse ; il a tenté de prouver que le pape était l'Anté-Christ. Sans doute ce sont des folies scientifiques ; mais ses théories sur l'attraction et les rayons lumineux n'en sont pas moins bonnes et admises. En jugeant tout savant ou artiste, on sépare le bon or du faux. Pourquoi suis-je le seul avec qui la critique ne veuille pas suivre cette règle ? »

Quand un homme s'exécute ainsi, il ne reste plus rien à dire. On ne frappe pas sur une poitrine qui se découvre.

ATTRACTION PASSIONNÉE. — ANALYSE DES DOUZE PASSIONS RADICALES.

Nous voici à la clé, au pivot de la découverte.

Charles Fourier dit : « Le devoir vient des hommes, l'attraction vient de Dieu. » Le devoir vient tellement des hommes qu'il varie de peuple à peuple, et d'une époque à une autre. L'attraction, c'est-à-dire la tendance des passions, est tellement un fait divin, que les passions sont les mêmes chez tous les peuples, civilisés ou sauvages, dans tous les siècles, primitifs ou modernes. Dieu maintient dans ce sens la tendance des passions, malgré l'abus actuel qu'en fait l'homme, parce que les passions ainsi combinées doivent servir à l'avènement et au maintien des destinées futures, d'où il résulte que les passions s'agitent aujourd'hui, malheureuses et comprimées, dans un milieu provisoire, pour s'établi plus tard, heureuses et satisfaites, dans le milieu que Dieu leur a réservé. Supposer le contraire, c'est supposer Dieu inepte et incapable de diriger harmonieusement le monde. Ainsi, toute passion, toute attraction est une chose naturelle, légitime, à laquelle il est impie de résister. L'attraction est la loi humaine comme elle est la loi des mondes. Autant de passions fondamentales, autant d'attractions. « Les attractions sont proportionnelles aux destinées, » ajoute Fourier. Céder à ses attractions, voilà où est la vraie sagesse, car les passions sont une boussole permanente que Dieu a mise en nous. Aussi Fourier ne balance-t-il pas entre la liberté et la contrainte, l'attraction et la morale. Et si le milieu dans lequel se meuvent les passions, ces impulsions divines, forme un obstacle à leur essor et à leur harmonie, c'est ce milieu, ce milieu humain qu'il faut modifier. D'où le réformateur conclut à la création d'un milieu nouveau, d'un monde sur d'autres bases. Dans ce monde, où toute latitude sera donnée au jeu des passions, cet équilibre harmonieux que leur compression n'a pu produire, naîtra de lui-même et spontanément ; l'attraction poussera vers le devoir par la satisfaction de toutes les volontés. L'homme alors cessera d'être une antinomie vivante, placé qu'il est entre les impulsions de sa nature et les prescriptions de la sagesse actuelle. Plus d'action comminatoire sur les élans de l'âme, sur les instincts du corps ; plus de force répressive, plus de délits, plus de peines ; la contrainte et l'incohérence feront place à l'harmonie et à l'unité ; le nouveau mécanisme social réalisera la loi mathématique qui doit employer toutes les forces, utiliser tous les penchants, accorder toutes les impulsions, unir toutes les volontés, agir, en un mot, de manière à ce que l'intérêt personnel, indépendant dans ses allures, se fonde, s'absorbe dans l'intérêt général et concoure à son agrandissement.

Avant de déchaîner ainsi les passions sur le monde, il était utile peut-être de les récapituler toutes, de les saisir, de les distribuer, de les peser attentivement, de les combiner. C'est un travail que Fourier n'a voulu déléguer à personne : il a reconnu lui-même ou cru reconnaître en nous trois buts d'attraction : le besoin de luxe, la pro- pension à se *grouper*, et la tendance à l'*unité*. Le *luxe*, divisé en luxe interne et externe, comprend au premier titre la santé, au second la richesse. Comme les cinq sens sont du ressort de cette nature d'attraction, elle est, à cause de cela, subordonnée aux passions qui naissent de l'âme. La propension à se *grouper* embrasse les passions affectives, l'amour, l'amitié, l'ambition, et une quatrième passion que l'inventeur nomme le *familisme* (lien de parenté). Ces attractions de diverse nature et de puissance variable servent à lier entre eux et à grouper les individus. Mais au-dessus de ces passions, il en règne trois autres qui leur sont supérieures, passions *rectrices*, comme les nomme Fourier, mobile des plus grandes actions humaines. Ces passions, l'inventeur les désigne ainsi : la *cabaliste*, l'*alternante* et la *composite*. La *cabaliste* est la fougue à la fois réfléchie et spéculative qui tend à diviser les impulsions, afin de leur donner plus d'essor, à fixer les volontés par une influence complexe. Dans notre monde, on appellerait cette passion l'esprit d'intrigue. L'*alternante*, ou *papillonne*, est le besoin de variété irrésistible chez l'homme, la soif de situations contraires, de contrastes et de changements de scène. L'alternante se mêle à tout, elle va d'un groupe à l'autre, d'une série à une série, engendre l'attrait par la mobilité, et éloigne le blasement par de rapides volte-faces. C'est elle qui répand le plus de bonheur sur le mécanisme sociétaire. Dans notre civilisation, cette passion se nommerait inconstance, goût du changement. Enfin la composite, ou fougue aveugle, est la passion qui produit les dévouements sublimes, l'inspiration dans les arts, l'éloquence de la chaire et de la tribune ; c'est celle qui s'appuie sur le besoin de grandes émotions, sur le désir de mener à bien des tâches glorieuses ou pénibles. Cela équivaut à peu près à ce que nous nommons l'enthousiasme. Ces trois passions sont supérieures aux quatre passions affectives, qui priment à leur tour les cinq passions sensuelles.

Ainsi l'humanité compte douze passions radicales, sept de l'âme, cinq de la chair, ressorts et pivots de l'attraction ; cinq passions sensitives tendant au luxe, cinq passions affectives tendant aux groupes, cinq passions distributives ou rectrices tendant aux séries. Les premières ne touchent que l'individu, les secondes rayonnent dans un cercle d'intimité, les troisièmes intéressent la société entière. C'est le jeu libre et complet de ces douze passions, se tempérant l'une l'autre, qui inspire à l'homme le sentiment religieux ou la passion de l'unité, laquelle résulte de la combinaison de toutes les autres, comme le blanc de la combinaison de toutes les couleurs. Et comme il y a des nuances de couleurs à l'infini, il y a aussi une foule de passions mixtes. Mais le nombre des passions proprement dites est rigoureusement de douze, et Fourier en trouve la preuve analogique, soit dans le système sidéral, soit dans la décomposition du prisme solaire, soit enfin dans la gamme musicale. Nous ne le suivrons pas sur ce terrain d'analogies : il a déclaré lui-même avec trop de bonne grâce qu'il s'y sentait mal assis.

MÉCANISME SOCIÉTAIRE. — VIE DUX PHALANSTÈRE.

La loi d'attraction une fois trouvée, il n'y avait plus qu'un pas à faire pour arriver au procédé sociétaire. Toutefois, avant d'opérer sur ce thème de réalisation, Fourier a voulu se justifier à lui-même. par le tableau des relations actuelles, l'utilité et l'urgence d'une réforme. Habitué à ne rien voir en beau, il a un peu chargé les traits du modèle, et peint le monde sous des couleurs qui ne le flattent pas. Dans l'état agricole, morcèlement fatal, exploitation égoïste et inexperte ; dans l'état industriel, déperdition effrayante de forces, travail répugnant, ingrat, mal rétribué, mensonge, guerre flagrante, choc d'industries ou rivales ou parallèles ; dans l'état social, lutte des diverses classes ; ici, richesse insolente ; là, misère farouche, fourberie dans les relations, méfiance érigée en esprit de conduite, oppression de la masse au profit du petit nombre ; enfin, impuissance à se défendre contre l'univers extérieur, contre les intempéries qui usent avant le temps la santé de l'homme, et contre les épidémies qui le foudroient ; voilà ce qu'il a vu, ce qu'il constate, et ce qui légitime complètement à ses yeux une aspiration vers des destinées meilleures. De ces fléaux, il en est plusieurs que l'association dans l'ordre matériel peut faire disparaître ; mais il en est d'autres qui ne se retireront que lorsque l'association aura été introduite dans l'ordre moral. Pour arriver à l'harmonie des forces humaines, il faut auparavant l'établir dans les facultés et dans les passions.

Maintenant, par quelles voies pourra-t-on à l'indigence

faire succéder la richesse graduée, la vérité à la fourberie, les garanties mutuelles à l'oppression, une climature régulière aux désordres atmosphériques ; enfin à l'incohérence présente une marche de progrès pour la race humaine ; telle est la deuxième face de la question. Fourier en parcourt toutes les attenances ; il accorde un mot aux modes d'association imparfaite qui peuvent précéder le sien, examine ce qu'il nomme le *garantisme*, le *sociantisme* la *communauté*, pour conclure de leurs vices à la supériorité de l'association *composée* ou *harmonienne*, qui est sa découverte. Cette association, il veut la naturaliser d'abord dans l'agriculture, qu'il appelle une *industrie* ; grande et précieuse industrie en effet, autour de laquelle pivotent toutes les autres. Au lieu de vastes centres qui absorbent et étiolent les populations, au lieu de bourgs, de villages, de hameaux, jetés au hasard sur la carte, mal cadastrés, mal délimités, aussi incohérents dans leur distribution générale que dans leur organisation particulière, Fourier entend grouper l'humanité par *communes* ou *phalanges*, régulières pour le nombre des habitants, pour l'ordonnance intérieure et pour les conditions d'équilibre vis-à-vis d'autres *phalanges* ou communes, obéissant à des lois analogues. Il en serait de ces *phalanges* comme des corps célestes qui ont un mouvement sur eux-mêmes et un mouvement autour des corps roulant dans leur tourbillon. Le même phénomène se reproduirait au sein de la phalange, composée d'une infinité de petits centres ayant leur jeu propre, et leur jeu relatif à d'autres centres identiques. On va voir tout à l'heure le système à l'œuvre.

Le moteur de cette association est, nous l'avons dit, l'attraction passionnée, ce principe à mille fins. L'attraction vers le travail, c'est à cela que l'humanité pourra reconnaître qu'elle entre dans ses destinées futures. Que voyons-nous aujourd'hui ? D'un côté le riche qui ne travaille pas, d'un autre côté le pauvre qui travaille avec dégoût, des deux parts répugnance. N'est-ce pas là, dit Fourier, un état anormal ? Quoi ! Dieu aurait imposé le travail à l'homme comme une nécessité impérieuse, et en même temps il lui aurait mis dans le cœur une horreur instinctive pour le travail ! Evidemment il y a confusion. La répugnance n'indique qu'une chose, c'est que Dieu ne veut pas que le monde use éternellement son énergie en des besognes ingrates. Le jour où une meilleure entente présidera

II. CHARLES FOURIER

à la distribution du travail, les riches oisifs disparaîtront ; ils jalouseront ce qui était l'attribut du peuple. Pour cela, il faut que le travail soit une affaire d'option, un choix, un goût, une préférence, une passion enfin. Chacun s'adonnera à l'occupation qu'il aime, à vingt s'il en aime vingt. Une rivalité charmante, un enthousiasme toujours nouveau, présideront aux travaux humains, quand, sous la loi de l'attraction, les mortels se seront associés par *groupes*, dernière fraction sociétaire, par séries, qui sont l'association des groupes, et par phalanges, qui sont l'association des séries.

Le groupe est la sphère primitive de toute fonction, l'alvéole de la ruche sociale, le noyau de l'association. Un groupe, pour être normal, doit se composer de sept ou de neuf personnes : au-dessous il serait insuffisant, au-dessus il courrait la chance de manquer d'harmonie. L'harmonie particulière d'un groupe résulte de l'amalgame des attractions tantôt divergentes, tantôt parallèles ; l'harmonie générale entre les divers groupes résulte de leur caractère, soit identique, soit opposé. Dans la composition des groupes, toute passion est considérée comme ressort : ainsi tantôt c'est l'amitié, tantôt c'est l'intérêt, tantôt c'est l'amour, tantôt c'est la gloire qui domine un groupe, et, dans son sein, l'essor de toute passion doit avoir lieu en identité et en contraste. Chaque groupe a des modes de ralliement distincts : dans les groupes d'amitié tous s'entraînent en confusion, c'est-à-dire se confondent, l'amitié supposant une égalité parfaite ; dans les groupes d'*ambition*, le supérieur entraîne l'inférieur, la loi de hiérarchie le voulant ainsi ; dans les groupes d'*amour*, les femmes entraînent les hommes, émancipation qui en vaut une autre ; enfin, dans les groupes de *famille*, les inférieurs entraînent les supérieurs, concession touchante faite à la faiblesse. Ces groupes se forment d'eux-mêmes au moyen de ces divers ressorts. Chaque fois que dans un groupe il y a lieu à conférer ou un titre ou un grade, on y procède par l'élection. Tous les membres d'un groupe ont voix délibérative : la majorité fait loi. Le même mode électif, les mêmes rouages d'organisation passionnée, sont appliqués aux séries, qui sont l'association des groupes, aux phalanges, qui sont l'association des séries.

Après les groupes, qui comptent par sept ou neuf, viennent les séries, qui doivent avoir de vingt-quatre à trente-deux groupes, et qui, à leur tour, forment les phalanges. La phalange comprend environ dix-huit cents personnes. La demeure d'une phalange se nommera un *phalanstère*. Un phalanstère devra être un édifice à la fois commode et élégant, dans lequel l'utilité n'aura point été sacrifiée au luxe, ni l'architecture aux exigences de l'aménagement. Ce sera une vaste construction, de la plus belle symétrie, et accusant par sa grandeur les pompes de la vie nouvelle. De droite et de gauche se projetteront des ailes gracieuses repliées sur elles-mêmes, en fer à cheval. Là, loin du centre de la grande famille s'installeront les métiers bruyants. Ce palais sera double dans son étendue, avec des corps de bâtiments assez éloignés l'un de l'autre pour former des cours intérieures et ombragées, promenades des vieillards et des convalescents. Au milieu du bâtiment principal s'élèvera la Tour d'Ordre, siège du télégraphe, de l'horloge, et des signaux chargés de transmettre leurs instructions aux travailleurs disséminés dans la campagne. Le théâtre et la bourse trouveront leur place dans la même enceinte. A la hauteur du premier étage, et dans tout le pourtour de l'édifice, régnera une rue-galerie, chauffée en hiver, ventilée en été, et offrant, d'un atelier à un autre, une communication facile et à l'abri de toutes les intempéries. Au besoin cette rue-galerie servira encore de salle d'exposition aux objets d'art et aux produits industriels de toute espèce.

Dans un phalanstère, tout sera organisé pour une vie attrayante et libre, une vie au goût de chacun : commune, si l'on veut ; solitaire, si on le préfère. On y poursuivra deux visées : la commodité générale et le bien-être individuel. Les logements, les salles de réunion, les réfectoires, les ateliers, les cuisines, les caves, les greniers, les offices, tout y sera disposé de manière à assurer des rapports prompts et faciles, des distractions variées, un service économique et intelligent. Chaque famille trouvera à se loger suivant sa fortune et suivant ses besoins, sans qu'il en résulte jamais pour elle une humiliation dans le contraste si elle est pauvre, un motif d'orgueil si elle est riche.

Maintenant, à ceux qui s'effraieraient de la mise de fonds nécessaire pour assurer tant d'aisance et réaliser tant de merveilles, Fourier répond qu'un phalanstère de dix-huit cents âmes ne coûtera guère plus à construire que les quatre cents chaumières d'une commune française égale en population. Encore le phalanstère,

II. CHARLES FOURIER

une fois achevé grandement et solidement, sera, pendant plus d'un siècle, à l'abri des grosses réparations, tandis que, dans le même intervalle, on aura rebâti sept ou huit fois les masures de la commune française. Puis, la fondation achevée, il y a un autre compte à dresser, celui des économies du ménage sociétaire. Ainsi une immense cave remplacera quatre cents caves, un vaste grenier quatre cents greniers, une cuisine avec un personnel réduit, quatre cents cuisines avec les quatre cents femmes qu'elles absorbent sans les occuper, enfin une gigantesque blanchisserie quatre cents blanchisseries. Tous ces ateliers d'usage commun marcheront à l'aide d'une machine à vapeur qui fournira, en outre, de l'eau chaude dans tous les appartements du phalanstère.

Cependant, au dehors de l'édifice, la campagne a changé d'aspect : les haies, les fossés, ces emblèmes de servitude et de défiance, ont disparu ; les chemins ont été combinés de manière à ménager l'espace. En échange de leurs terres, les propriétaires du sol ont reçu des actions transmissibles qui représentent la valeur de l'apport, et désormais cette vaste plaine pourra être exploitée comme si elle appartenait à un seul homme. Ainsi disparaissent, par le fait seul de l'association, tous les inconvénients de la culture morcelée et de la propriété parcellaire. Une seule gestion, appuyée sur de grands capitaux, réalise l'emploi harmonieux de toutes les forces, et obtient la plus grande somme possible de produits. Il en est de même des ateliers industriels : au lieu de ces échoppes multipliées à l'infini, tristes, solitaires, sales et incommodes, voici des ateliers immenses et vivants, joyeux, aérés, salubres, où les machines viennent en aide aux forces de l'homme, et lui rendent le travail à la fois moins dur et plus régulier.

A ces avantages se jouiront encore, dans un phalanstère, ceux qui résultent d'une meilleure organisation du travail. Le travail, en mécanisme sociétaire, sera à la fois plus attrayant et plus parfait : plus attrayant, car il n'aura lieu que par courtes séances, et au milieu des passions enthousiastes qui doivent naître de la rivalité des individus dans les groupes, des groupes dans les séries, des séries dans les phalanges ; plus parfait, car on lui appliquera le système de division parcellaire, déjà pratiqué avec succès dans nos grandes usines. Chaque industrie, ou agricole ou manufacturière, sera divisée en autant de parcelles de travail que cela sera jugé

Louis Reybaud

nécessaire pour un confectionnement irréprochable, et un groupe spécial sera affecté à l'exécution de chaque parcelle. Ainsi confiées aux mains les plus aptes, toutes les fractions du travail humain arriveront sur le camp à une supériorité dont il serait difficile aujourd'hui de fixer la limite. On réunirait ensuite ces éléments épars dans les divers groupes pour former une variété industrielle et la résumer dans une série. En agriculture, par exemple, étant donnée la culture du poirier, une série ou deux séries y seraient affectées, avec des groupes spécialement voués au soin de chaque espèce. En industrie manufacturière, même division de détails, même répartition parmi les diverses aptitudes. Voici d'ailleurs la formule scientifique de Fourier pour de semblables formations : « Chaque espèce d'industrie donne lieu à autant de groupes qu'elle offre de variétés, et chaque groupe se divise en autant de sous-groupes que la division de son industrie fournit de fonctions. » De cette division infinie du travail, de cet état des travailleurs toujours en présence les uns des autres, toujours en rivalité, soit pour la perfection, soit pour la rapidité de l'exécution, doivent naturellement et nécessairement sortir des résultats ignorés jusqu'à nous, des œuvres plus belles et plus vivement accomplies. Du reste le membre d'un groupe ne lui est pas tellement identifié, qu'il ne puisse faire partie d'autres groupes, et par conséquent se mêler à d'autres travaux ; d'où il suit que chaque industrie compte un grand nombre de sectaires éparpillés dans la phalange et peut, de la sorte, combiner à l'infini ses rivalités. Ce changement, cette mobilité heureuse a en outre un second avantage qui est d'engrener entre eux, par des rouages volontaires et fortuits, tous les groupes et toutes les séries.

Ainsi voilà le travail réalisé avec facilité, avec ardeur, avec enthousiasme : chaque individu, chaque groupe, chaque série y a concouru. L'œuvre a porté ses fruits : des bénéfices sont acquis, quadruples, à ce que dit Fourier, de ceux que l'on obtient par les procédés actuels ; il s'agit maintenant de les distribuer d'après le mode sociétaire, c'est-à-dire en raison du capital, du travail et du TALENT. Pour cela, un lot sera fait à chacun de ces droits, à chacun de ces agents de production ; et la loi de l'intérêt commun conseillera, plus qu'on ne le pense, une répartition équitable. En effet, les capitalistes, ne pouvant espérer de beaux dividendes qu'à l'aide de bons ouvriers et de bons projets, voudront que les lots de talent et de travail soient sincèrement et convenablement établis, et les non-capitalistes, ne pouvant employer les procédés avancés qu'à l'aide de capitaux, voudront les attirer en les rétribuant d'une manière généreuse. Ainsi, au lieu de s'attribuer la part du lion, chacun des intérêts associés tendra plutôt à se dépouiller en faveur des autres.

Quand trois lots auront été faits, l'un pour le capital, l'autre pour le travail, le troisième pour le talent, viendra le tour de la répartition par individus. A l'égard des capitalistes, le mode ne fait pas question ; le bénéfice sera en raison de l'apport. Mais pour le travail et le talent, une difficulté se présente, c'est d'avoir l'échelle du talent et la mesure de l'importance du travail. Ici Fourier s'écarte hardiment des routes battues ; ce n'est pas le travail brillant qui aura le pas sur les autres, mais le travail nécessaire. Il fait la part du pauvre avant celle du riche, la part des bras avant celle de l'intelligence. La masse le préoccupe beaucoup plus que l'individu, et il juge l'œuvre dans son influence sur les besoins collectifs. Il classe donc les travaux en travaux de nécessité, travaux d'utilité, travaux de simple agrément. Les travaux d'agrément seront les moins rétribués, les travaux utiles le seront davantage, les travaux nécessaires plus que les deux autres. Sous le régime actuel, c'est à peu près l'inverse. Fourier, calculant que les travaux nécessaires étaient presque tous d'une nature répugnante, a dû, pour y introduire l'attraction, les rendre beaucoup plus lucratifs que les autres, et en revanche il n'a attaché qu'une bien moindre prime aux travaux attrayants par eux-mêmes. Cette combinaison est la plus belle théorie d'équilibre qui se soit faite ; elle conclut tout-à-fait à l'avantage de ce qu'on nomme aujourd'hui la classe pauvre. En effet, comme les travaux nécessaires, durs et pénibles, sont presque tous le lot du peuple, le peuple, dans le mécanisme sociétaire, serait tout à coup placé non-seulement hors des voies du besoin, mais encore sur le chemin de la richesse. Cette nouvelle justice distributive déterminerait en outre une rotation perpétuelle, un renouvellement incessant dans le personnel des classes, et y détruirait le germe des rivalités haineuses qui les déchirent aujourd'hui. L'harmonie universelle y trouverait un gage de plus. Ce qui la garantirait mieux encore, c'est l'absence de toute misère réelle dans le monde nouveau. Il n'y a

Louis Reybaud

plus de pauvre dans un phalanstère ; le pauvre y est aboli. Tout sociétaire est forcément, malgré lui, à l'abri du besoin. Sa présence dans la communauté lui donne droit à un *minimum* en toute chose, nourriture, logement, vêtements, ustensiles. Ce *minimum* lui est dû, c'est la clause formelle de l'association ; de son côté, il doit, il est vrai, son travail ; mais sous une loi qui affecte une haute paie aux besognes les plus rudes, il lui faut peu d'efforts pour s'acquitter d'abord, et capitaliser ensuite.

Quant à la distribution des lots du talent, elle serait des plus simples, car on aurait pour bases les titres ou les grades des individus, et comme les grades et les titres se confèrent, ainsi qu'on l'a vu, par la voie élective, les bénéfices seraient, en définitive, en raison de mérites déjà couronnés et d'un ascendant acquis. En dehors de cette loi applicable aux intelligences de second ordre, se trouveraient néanmoins les grands artistes, les industriels célèbres et les savants illustres. De tels hommes n'appartiendraient ni aux groupes, ni aux séries, ni aux phalanges, mais à l'humanité entière. Le globe se chargerait de leur rémunération. Dans le mécanisme sociétaire, ces hommes d'élite sont placés en dehors des autres, quant aux conditions de travail. Seulement, lorsqu'après un long repos ils ont produit leur œuvre, un jury s'assemble dans la métropole du monde pour leur voter une récompense. Qu'on se figure, par exemple, Jacquart ou Watt, Newton ou Corneille, se présentant devant ce tribunal souverain ; Jacquart avec son métier, Watt avec sa machine à vapeur, Newton avec sa théorie de l'attraction, Corneille avec sa plus belle tragédie. A l'instant même et avant toute gloire chanceuse, il serait voté à ces grands hommes une rémunération à prélever sur chaque phalange. Supposez cinq francs par phalange, et cinq cent mille phalanges dans le globe ; le jury aura décerné à l'inventeur deux millions cinq cent mille francs. Jacquart ne mourra plus dans un état voisin de l'indigence, après avoir enrichi l'univers.

Tout basé qu'il est sur une parfaite égalité de rapports et une complète liberté de mouvements, le mécanisme sociétaire reconnaît des hiérarchies de diverses sortes, hiérarchie de passions, hiérarchie de caractères, hiérarchie d'âges, hiérarchie de fonctions, hiérarchie de travailleurs, hiérarchie de souveraineté. Quand Fourier n'exprime pas directement ces distinctions et ces

II. CHARLES FOURIER

nuances, il les sous- entend. Ainsi, parmi les passions, les trois passions rectrices, ou comme il dit, *mécanisantes*, priment les passions affectives, qui, à leur tour, commandent aux passions sensitives. Il en est de même des caractères dont Fourier fait une sorte de clavier humain, susceptible d'autant de combinaisons que peut l'être l'harmonie musicale. La hiérarchie des âges se présente sous un autre aspect : l'âge mûr en est le centre ; les deux ailes, l'une ascendante, l'autre descendante, sont, d'un côté, les années intermédiaires de l'enfance à la virilité ; de l'autre, celles de la virilité à la décrépitude. Pour la hiérarchie des fonctions, il n'y a rien à expliquer, c'est l'élection qui les confère ; mais la hiérarchie des corps de travailleurs, qu'on a vue dans ses alvéoles le groupe, la série et la phalange, se développe, dans la sphère supérieure, et forme tour à tour, la ville, la province, la capitale, la métropole continentale, la métropole universelle, enfin les armées industrielles. La phalange est un type d'association, un type étroit, mais complet ; c'est le reflet de la vie humaine. Cependant une phalange isolée n'aurait pas toutes ses conditions d'avenir, si elle n'attirait pas dans son tourbillon d'autres phalanges, qui, avec leur mouvement propre, auraient aussi un mouvement autour d'elle et par rapport à elle. Entre phalanges, les combinaisons sont les mêmes, les liens sont les mêmes qu'entre les groupes et séries ; les phalanges sont sollicitées à une association par des sympathies, par des intérêts, par des motifs d'utilité commune, tels que des ponts, des canaux, des routes, à l'exécution desquels toutes et chacune ont concouru. Bientôt, en dehors des phalanges se créeront de grands entrepôts, de grands établissements scientifiques, de grandes manufactures, des bourses, des foires, des théâtres, des monuments d'art. Puis viendra la petite ville, centre général des phalanges, plus habitée l'hiver que l'été ; puis encore la ville provinciale, ou capitale de province, assise de manière à commander un vaste rayon intérieur, ou un beau bassin maritime, ensuite la capitale d'un empire, enfin la métropole universelle, dont Fourier fixe l'emplacement sur le Bosphore. L'un des liens les plus puissants de cette grandiose hiérarchie seraient les armées industrielles, autorité nomade et pacifique, se portant sur tous les points où les appelleraient l'utilité et la gloire communes. Une armée industrielle devra se composer, selon Fourier, de tous ceux qui excellent dans les beaux-arts,

Louis Reybaud

dans les sciences, dans l'industrie ; elle sera donc une réunion spontanée et libre, où chacun s'entretiendra à ses frais. Le but sera souvent d'agrément, mais, dans plusieurs cas, l'armée industrielle devra concourir aux grands travaux du globe, aux améliorations dans la climature, aux lignes importantes de communication, à la construction des vastes édifices, à la prompte réparation des calamités publiques, comme les inondations et les incendies.

Vient ensuite la hiérarchie de souveraineté. Dans Fourier, cette souveraineté est multiple ; elle demande des titulaires à tous les instincts, à toutes les facultés, à toutes les aptitudes, à toutes les passions ; elle est en outre alternée, périodique, mobile, capricieuse ; elle ne pèse point, elle n'offusque point. La souveraineté est, dans certains cas, héréditaire ; mais elle n'emporte aucune attribution de capacité ; la loi élective a réglé les fonctions et les grades. Les titres de souveraineté s'échelonnent depuis l'*unarque*, qui commande une phalange, jusqu'à l'*omniarque*, qui est l'empereur du globe. Il y a un *duarque* pour quatre phalanges, un *triarque* pour douze, un *tétrarque* pour quarante-huit, et ainsi de suite ; le *douzarque* règne sur un mil lion de phalanges. L'omniarque vient au-dessus ; c'est le treizième grade ascendant de la hiérarchie.

Le cercle dans lequel se meut le pouvoir de ces chefs a été si minutieusement tracé, qu'il équivaut à peine à un patriarcat dévolu aux plus anciennes familles. L'élection universelle dans toutes les fonctions, et une liberté illimitée acquise désormais aux passions de l'homme, comme loi sociale et absolue, font de la souveraineté un titre presque honorifique, un titre de luxe, un titre d'apparat. Autour des chefs plus de gardes, plus de bourreau à leurs ordres, plus de tribunaux sous leurs mains. La liberté est complète, puisque toutes les passions sont légitimes ; l'égalité ne l'est pas moins, puisque dans les phalanges l'éducation est la même pour tous, les fonctions accessibles à tous, les voies de fortune et de grandeur ouvertes à tous, et aux mêmes litres. Quel rôle reste-t-il à un pouvoir dans une société ainsi faite ?

Cette liberté dont on vient de parler, Fourier l'attribue en dose égale aux deux sexes ; il fait mieux, il ne distingue pas. Si, chez lui, la femme ne joue pas le rôle important et exagéré qu'a voulu lui attribuer le saint-simonisme, du moins lui reste-t-il une part assez belle pour qu'elle ne crie pas à l'oppression et au sacrifice. Dans le

II. CHARLES FOURIER

mécanisme sociétaire, l'homme domine, il est vrai, la femme dans les rapports d'ambition, mais la femme y domine l'homme dans les affections d'amour et de famille. Voilà donc déjà que la femme est le pivot du ménage ; mais Fourier ne prétend pas l'y tenir dans le séquestre et dans l'isolement. « L'harmonie, dit-il, ne commettra pas, comme nous, la sottise d'exclure les femmes de la médecine, de l'enseignement, de les réduire à la couture et au pot-au-feu. Elle saura que la nature distribue aux deux sexes, par égales portions, l'aptitude aux sciences et aux beaux-arts, sauf la répartition des genres, le goût des sciences étant plus spécialement affecté aux hommes et celui des arts plus spécialement aux femmes. »

L'une des plus vives, des plus touchantes sollicitudes de Fourier, c'est l'éducation de l'enfance et l'éclosion de ses vocations. On voit qu'il parle de l'enfance avec amour, avec bonheur ; un père n'est pas plus prévoyant et plus tendre. Il est vrai que là était tout son espoir, toute sa chance à venir. Les hommes qui ont vécu sont de fer aux idées nouvelles ; l'enfance est une cire molle qui reçoit et garde toutes les empreintes. Aussi il faut voir avec quel soin Fourier classe ses élèves en six tribus, en leur donnant des noms distincts et familiers ; comment il s'élève contre notre système d'éducation, qui tend à les laisser sous la direction paternelle, toujours imprévoyante, d'après lui, et imparfaite, surtout quand il faut que l'enfant choisisse la direction la plus conforme à ses instincts et à son aptitude.

Opérer le plein développement de toutes les facultés matérielles et intellectuelles, afin de les appliquer à l'industrie productive, tel est le système d'éducation de Fourier. Il la divise en cinq phases. L'une, de première enfance, est celle où les nourrissons reçoivent dans un dortoir ou *séristère* commun les soins d'hommes, de femmes et d'enfants, formés en groupe pour ce travail. Ainsi, ces soins donnés à l'enfance ne sont plus un service banal, c'est une vocation, c'est une fonction sociale ; le rôle de nourrice a lui-même son importance. Fourier veut qu'une nourrice soit belle, qu'elle soit robuste, et même qu'elle ne fausse pas en chantant. Cette exigence s'explique dans un monde harmonien. L'enfant dort sur des hamacs et libre de langes ; on ne gêne pas plus ses mouvements que, plus tard, on ne gênera ses instincts. Quand l'enfant est sur pied, l'éducation commence ; alors il faut songer à pressentir la vocation, à la solliciter, à la faire éclore ; il faut surveiller les élans de ces natures naïves, bien remarquer leur vice de choix, si c'est le furetage, si c'est la gourmandise, si c'est la singerie, si c'est l'amour du bruit, si c'est la malpropreté. Dans chacun de ces faits, il y a une révélation : selon qu'il manifestera tel appétit ou tel autre, telle préférence, telle manie, l'enfant sera ouvrier, ou artiste, ou industriel, ou gastronome, ou agriculteur. A cinq ans commence un autre ordre d'exercices ; il s'agit alors d'agrandir autant que possible les passions sensitives, et de pousser au développement du tact, de la vue, de l'ouïe, du goût et de l'odorat. Les cinq sens ont besoin d'une éducation, comme le corps d'une gymnastique ; faute de jeu et de ressort, ils s'affectent avant l'âge, s'oblitèrent, perdent toute leur subtilité. De là tant de surdités et de myopies. L'éducation des sens doit, selon Fourier, restituer à la nature humaine l'énergie de ses organes, et le luxe des facultés physiques aide plus qu'on ne le suppose à la richesse des facultés morales. De neuf à quinze ans vient le tour de la vie active, de la vie sociétaire ; c'est la période où les passions se manifestent par la voie de l'attraction, où les facultés se révèlent, où les vocations se trahissent. A seize ans, le cercle de l'éducation est parcouru : l'enfant finit, l'homme commence.

CONCLUSION.

La théorie de Fourier peut se résumer en quelques mots. Émanciper et combiner les passions, associer les facultés et les intérêts, faire prévaloir dans le monde physique et moral l'attraction sur la répugnance, trouver dans le spectacle de l'univers la voie analogique de nos destinées, voilà ce qu'il veut ; et pourtant, si courte qu'elle soit, cette formule n'est rien moins que le renouvellement entier du globe. Cela tient à une merveilleuse sagacité de l'inventeur, qui, en faisant pivoter une idée, y trouve mille facettes brillantes, originales et inattendues.

Si l'on voulait maintenant établir un parallèle rapide entre sa découverte et celle des écoles rivales, on pourrait se convaincre combien elle les laisse toutes en arrière. La théorie de Fourier, complète dès 1808, a défrayé longtemps des théories qui le désavouaient en le dépouillant. Fourier ne copiait personne ; le saint-simonisme, pour ne citer que lui, ne se bornait-il pas souvent à traduire Fourier ? Venons aux preuves.

Le saint-simonisme a fait quelque étalage de sa formule : « A chacun selon sa capacité, à chaque capacité selon ses œuvres. » Qu'est-ce que cela, si ce n'est deux termes de la formule de Fourier, l'association du *talent* et du *travail*, et encore, dans son plagiat incomplet, le saint-simonisme néglige-t-il le *capital*, ce troisième terme non moins essentiel en présence d'intérêts si prompts à s'inquiéter. Le grand mobile du saint-simonisme, l'affection, qu'est-il auprès du pivot sociétaire, l'attraction ? Qu'est la genèse de l'un auprès de la splendide cosmogonie de l'autre ? la réhabilitation de la matière est-elle autre chose que le jeu libre des passions, moins leur mécanisme ? l'éducation professionnelle n'est-elle pas une copie de l'éclosion des vocations ? que devient l'association saint-simonienne sans mode de répartition, auprès du mécanisme sociétaire, où tout est réglé, distribué, prévu ? Le saint-simonisme n'en avait fait qu'un agent de monopole et de main morte ; Fourier en fait du moins un instrument de liberté. C'est là, du reste, un contraste qui se reproduit dans les détails des deux réformes et qui résulte du point de vue particulier de chaque inventeur : toujours grand seigneur, même en bouleversant le monde, Saint-Simon était dominé par des idées d'autorité et de hiérarchie ; homme du peuple, Fourier obéissait à un besoin d'émancipation et d'affranchissement. Ensuite Fourier n'a jamais attaqué de haute lutte des institutions que les hommes ont depuis longtemps appris à respecter, la sainteté du mariage, la propriété, la paternité, l'héritage. Ainsi Fourier a pour lui la date des idées, l'harmonie plus complète dans la création, la supériorité dans les vues : on le voit, tout l'avantage lui reste.

Entendons-nous dire pour cela que la découverte de Fourier soit infaillible et inattaquable ? bien s'en faut. Seulement il est plus facile de la nier que de la discuter. Elle transporte la critique sur un terrain où les points d'appui lui manquent ; elle argumente dans l'inconnu. Objecterons-nous, par exemple, que l'émancipation des passions, idée très peu neuve d'ailleurs en théorie, peut déterminer des résultats contraires à ceux que Fourier en attend ; que l'état sauvage, entre autres, celui où les instincts sont le moins refrénés, n'est pas à beaucoup près un état social que l'on puisse présenter

Louis Reybaud

comme type et comme modèle ? A cela, Fourier nous répondra que son système emporte non-seulement le libre essor des passions, mais aussi leur satisfaction plénière, ce qui est loin d'exister dans l'état sauvage, condition de misère, de privation et d'abrutissement. Objecterons-nous encore que, pour certaines passions sensuelles, l'expérience d'une liberté sans frein est faite depuis longtemps, et que ces passions, la gourmandise par exemple, vont toujours au-delà des satisfactions permises et raisonnables ? Fourier nous répondra que les passions, dans leur incohérence et leur servitude actuelles, ont un jeu faussé qui disparaîtra dès que l'équilibre et l'harmonie régneront parmi elles, et que, dans l'ordre sociétaire, il ne restera de la gourmandise, invoquée comme obstacle, que ce qui sera juste et nécessaire pour l'amélioration des produits gastronomiques. Si nous persistons en demandant où pourra être l'utilité de la paresse, il nous sera répliqué que la paresse, fille du travail répugnant, n'est pas une passion radicale, mais seulement un vice de notre civilisation, vice annihilé dans le travail parcellaire, organisé par courtes séances. Ainsi de tout le reste : le monde nouveau fournit solution à tout, et quand la controverse s'agite dans une éternelle pétition de principes, il n'y a plus qu'à se taire.

Reste la question d'avenir pour la doctrine sociétaire. Nous ferions volontiers des vœux pour qu'elle se résolût en faveur de Fourier, mais nous n'osons point y croire. Quand on aspire à réformer l'humanité tout d'une pièce, il y a trop de combats à livrer ; c'est vingt sièges dans un siège : un préjugé s'est à peine rendu qu'un autre se révolte. On a contre soi le pouvoir qui règne, les intérêts qui s'inquiètent, les positions qui se défendent, les routines qui s'effarouchent. Un esprit spéculatif se transporte facilement dans les sphères de l'idéal ; mais un peuple ne l'y suit pas. L'humanité est comme ces malades qui aiment mieux endurer une douleur familière et connue que s'abandonner aux hasards d'une expérience. Tout au plus adopte-t-elle ou subit-elle de loin en loin quelques progrès timides, lentement essayés, lentement consentis. Fourier, qui reconnaissait tous les instincts pour divins et bons, a dû accepter sans doute cette résistance comme un fait utile, nécessaire, en ce sens que se livrer au hasard et à la légère, c'est risquer de périr par les mains de l'empirisme.

Cependant il est dans notre espoir et dans notre conviction que la doctrine de Fourier pénétrera tôt ou tard, par quelques points de détail, la couche épaisse des habitudes régnantes. Ses parties les moins impératives, celles qui sont les plus voisines de nous, arriveront à bien les premières, et, dans un avenir lointain encore, d'autres pourront suivre. Déjà des symptômes assez concluants se font remarquer au sein des sociétés modernes : introduite par la force des faits, l'association y a marqué sa place. La diffusion des petits capitaux a créé l'association financière, qui se réalise à nos côtés, et, malgré quelques mécomptes, se légitimera par ses bienfaits. L'association ne doit point, ne peut point s'arrêter là. Quand le morcèlement du sol aura porté tous ses fruits, et qu'à la suite de dommages évidents, on reviendra de la culture émiettée à la grande culture, un autre pas se fera dans les voies d'une alliance entre les intérêts humains. De la propriété parcellaire naîtra l'association territoriale. Or, l'association territoriale, c'est la base de la découverte de Fourier.

Louis Reybaud

III. ROBERT OWEN

Si nous ne concluons pas trop légèrement d'une tendance particulière à une tendance générale, il nous semble, à de certains symptômes, que le XIXe siècle s'est mis en marche vers une grande conquête, celle de la science du bien-être, jusqu'à présent plutôt pressentie que fondée. Cette science, entrevue par les économistes, aurait dépéri sans doute sur leur terrain de pure spéculation industrielle, si des esprits plus vastes et plus résolus n'eussent agrandi son horizon, à ce point d'en faire la science, même de la société. C'était peu, en effet, que d'avoir songé à rendre les hommes plus heureux, si l'on ne cherchait pas en même temps le procédé qui doit les rendre meilleurs ; si en fécondant la ruche du travail, on ne la défendait pas contre les frelons qui en dévastent les alvéoles ; si, en faisant jaillir du sol de nouvelles sources de richesses, on n'en laissait pas approcher les bouches les plus altérées et les lèvres les plus arides. Ainsi comprise, cette science manquait de justification et de moralité. Sa venue ici-bas n'empêchait rien, ne réparait rien : elle n'apportait aucune trêve à l'interminable combat que se livrent la fortune et l'indigence, la force et la faiblesse, l'habileté et la droiture, aucun remède à cette maladie de langueur qui attaque l'humanité dans les sources même de la vie ; elle laissait l'empire où il est, entre les mains des plus audacieux et des plus adroits.

Qu'on ait accusé, dans ce point de vue, la science du bien-être d'aboutir à un matérialisme sans grandeur, à une autre adoration du veau d'or, c'est ce qui se conçoit et s'explique. Mais pour la bien juger, pour la saisir complètement, il fallait sortir de ces perspectives étroites. Toute science relative à l'homme est double comme lui : elle ne peut pas intéresser la chair, qu'elle n'intéresse aussi l'esprit. C'est la condition de notre nature. Comme le géant de la fable, l'homme doit, de temps à autre, toucher à la terre pour se fortifier dans son élan vers le ciel, et cette oscillation incessante entre un spiritualisme et un sensualisme toujours perfectibles et toujours progressifs, constitue la vie du monde comme elle est la vie de chaque individu. Que le corps s'affaisse trop vers notre limon, l'âme à l'instant se révolte et le contient ; que l'âme aspire trop vite à l'infini, le corps à son tour résiste et la modère. Telle est la loi humaine, et par conséquent celle de toute science humaine.

Les hommes auront donc beau faire ; ils ne parviendront pas à séparer ce que Dieu a joint, et de même que l'idéalité pure frappera l'air comme un son vide, quand on voudra l'isoler des réalités de la vie, de même aussi la réalité la plus éclatante aura toujours besoin, pour se féconder, de quelques rayons dérobés à l'idéal. Qu'on ouvre le livre du monde, on y trouvera cette histoire écrite sur chacune de ses pages ; on y verra l'ascétisme chrétien dominant le sensualisme païen, et dominé, à son tour, par d'irrésistibles désirs de satisfaction terrestre ; on y saisira sur le fait les deux éléments de notre nature, marchant, par un sentier commun, vers des affranchissements successifs et parallèles. En effet, si l'on étudie leurs phases, les servitudes de l'esprit ont été brisées en même temps que les servitudes du corps. Dans l'ordre intellectuel, la servitude de l'animalité a dû tomber devant la révélation évangélique, fille des philosophies anciennes ; la servitude de la foi aveugle devant la liberté d'examen ; enfin la servitude du doute et de l'incrédulité, ce joug fatal de notre époque, tombe et s'efface peu à peu devant le pressentiment confus d'un spiritualisme raisonné et d'une foi intelligente. Dans l'ordre matériel, la progression est la même : la servitude de la personne a été abolie avec l'esclavage ; la servitude du travail ou de la fonction, avec les privilèges féodaux ; enfin la servitude du besoin, cette torture actuelle, doit s'abolir prochainement par une meilleure distribution des richesses et une plus heureuse combinaison des forces sociales. Ainsi, pour l'esprit et pour le corps, voilà trois affranchissements successifs, trois affranchissements parallèles.

Maintenant, si l'on interroge l'humanité sous ce double aspect, il est facile d'entrevoir sa marche vers une moralité nouvelle et un bien-être nouveau. Il semblerait, au premier coup d'œil, qu'une science dont les racines sont dans le cœur même de la réalité, doit moins précéder que suivre la régénération d'une spiritualité vieillie. Mais c'est là, nous le craignons, une des mille erreurs sur lesquelles vivent, depuis longtemps, les écoles de métaphysique pure. Qu'on ne couronne pas la matière, soit ; mais qu'on ne la nie pas. Aujourd'hui, par exemple, l'âme souffre et doute, l'âme s'engourdit, s'abdique presque, déshéritée de la foi naïve de nos pères, elle n'a pas trouvé encore cette foi sérieuse et raisonnée promise à l'avenir. Qui la retient donc, cette âme immortelle ?

Louis Reybaud

déserterait-elle ainsi ses destinées ? Non, mais, au moment où, fatiguée d'une longue nuit, elle va battre l'air de ses ailes éperdues, pour voir si la lumière point et de quel côté, le corps, en despote qui veut être obéi, pèse sur ses élans divins et l'enchaîne au service d'une nécessité grossière. Ainsi les misères de la chair engendrent les misères de l'esprit ; ainsi une incrédulité, toute d'inertie, est la compagne du malheur comme la faim est la mère du blasphème. Le plus beau triomphe de la science du bien-être sera ce dernier affranchissement de l'âme ; et c'est en cela que sa mission sera grande, religieuse et sainte. Par une distribution mieux entendue des choses nécessaires, par l'initiation de tous aux loisirs de la richesse, elle répandra, sur le sol les semences d'une sociabilité plus féconde, elle rétablira l'équilibre entre les droits de la matière et ceux de l'intelligence, réglera les rapports de cette co-existence et les conditions de cette vie, donnera sa nourriture au corps, sa nourriture à l'esprit, modérera le travail des bras, afin que le travail s'établisse aussi, non pas seulement dans quelques pensées, mais dans toutes les pensées.

Pour ordonner cet avenir, la science du bien-être n'aura guère de nouveaux éléments à créer. Ces éléments existent : la Providence jette à point sur la terre ce qui importe au bonheur de l'homme. Dans quelle autre vue en effet auraient apparu au milieu de nous ces merveilleuses puissances mécaniques dont les facultés nous confondent, souverainetés industrielles dont nous saluions hier l'avènement ? A quoi pourraient-ils servir, ces instruments admirables, si ce n'est à relever l'homme moral en soulageant l'homme physique ? D'un côté, par le fait qu'elles surpassent et humilient nos forces et nos aptitudes corporelles, ces puissances mécaniques semblent nous avertir de ne pas placer notre orgueil en des conquêtes fragiles que des moteurs inintelligents peuvent réaliser mieux que nous ; de l'autre, en créant les produits avec plus de facilité et d'abondance, elles semblent dire : — Nous venons payer au corps la rançon de l'esprit, afin que ce dernier puisse se retremper aux sources de sa grandeur originelle. Tel est le rôle des machines : telle sera leur fonction dans l'économie de nos destinées.

Mais voici ce qui est arrivé à leur suite, comme incident et comme phénomène contradictoire. Tout bienfait d'en haut devant tourner à mal pour le monde jusqu'à ce qu'il ait été compris et appliqué

III. ROBERT OWEN

selon les vues divines, il s'est trouvé que les puissances mécaniques, au lieu de fonder le bien-être, n'ont jusqu'ici enfanté que des ferments nouveaux de collisions et de haines, aggravés encore par les désordres inséparables d'un vaste déplacement. A cela, quelques économistes, portés à prendre des symptômes superficiels pour des causes profondes, ont répondu en imputant aux machines les torts même de la civilisation au sein de laquelle elles fonctionnent. Ils ne pouvaient s'expliquer autrement pourquoi des agents, dont la faculté évidente est de centupler la production, laissaient, dénués des produits les plus nécessaires, les hommes qui en ont le plus besoin. Pour compléter les termes du problème, et pour s'éclairer sur ses résultats, il y avait pourtant bien peu de chose à faire ; il suffisait de se dire que si les puissances mécaniques créent les produits, ce sont les hommes qui les distribuent. Une distribution meilleure, c'est toujours là que l'on vient aboutir, et c'est ce que prétend régler la science du bien-être.

Qu'il demeure donc bien entendu que les machines ont paru au milieu de nous pour se résoudre, non pas en profit pour quelques-uns, mais en allégement de travail pour tous ; qu'elles doivent être, mieux comprises, non pas un élément de discorde, mais un élément d'union, d'harmonie et de paix ; enfin qu'en affranchissant le corps de sa dernière servitude, elles seront les agents les plus directs d'un spiritualisme régénéré. Grâce aux loisirs qu'elles nous préparent, le plus humble membre de la famille humaine pourra bientôt, dans la mesure de son intelligence et de ses forces, s'élever à une aspiration vers Dieu et à une vue raisonnée de son œuvre. De là naîtra, nous l'espérons, une foi sérieuse et profonde qui s'adressera beaucoup plus à la conviction qu'à l'enthousiasme. Ce spiritualisme, complet dans ses vues, ne procédera ni par un renoncement à la terre, ni par un renoncement au ciel ; il guérira le monde de ces élans désordonnés vers l'infini, qui jettent un voile sombre sur nos plus riantes perspectives, et de ces attachements exclusifs pour le fini, qui avilissent nos facultés immortelles. Ensuite, dérobant à la source de toute lumière un de ses rayons les plus chauds et les plus doux, soit qu'on appelle ce rayon divin : amour ou affection, charité ou fraternité, attraction ou bienveillance, union ou association, quels que soient son nom et sa forme, il l'appliquera à l'économie des sociétés humaines et aux rapports des hommes entre eux,

Louis Reybaud

réalisant ainsi, dans une harmonieuse unité, à l'aide d'un seul et même principe, la spiritualité et la moralité de la vie.

Parmi les esprits qui se préoccupent de cette régénération à venir, il en est de plus calmes et de plus patients, qui, satisfaits de voir le monde marcher sous le doigt de Dieu, dans ses voies de métamorphoses graduelles, se résignent à une initiation lente et ne cherchent pas à devancer les temps. Pourvu que la colonne lumineuse éclaire toujours la nuit de leur désert, peu leur importe que la grande caravane arrive plus tôt ou plus tard à la terre promise. Mais il en est d'autres plus ardents qui ne subissent pas avec le même sang-froid les dures conditions du voyage, et qui, pour exciter les pèlerins paresseux, se prennent à célébrer les merveilles qui les attendent au bout du chemin. Ceux-là se substituent au rôle que remplirent les prophètes des premiers âges ; ils entonnent le cantique de l'avenir, et présageant la ruine des cités maudites, ils chantent les splendeurs de la Jérusalem nouvelle.

Nous avons exposé les travaux et raconté la vie de deux de ces hommes, Saint-Simon et Charles Fourier. Il nous reste à parler d'un troisième, moins célèbre de ce côté du détroit, mais non moins digne de fixer l'attention ; génie moins original sans doute que les deux autres, mais plus évangélique, plus touchant comme personnalité ; réformateur sorti d'un atelier, et conduit de la pratique du travail à la perception d'une doctrine : c'est M. Robert Owen.

Vie et travaux de M. Owen – Essai de New-Lanark – Premières tentatives de propagande dans le Royaume-Uni

Si l'on en excepte un petit nombre d'esprits qui s'intéressent aux sciences spéculatives, peu de personnes soupçonnent, en France, tout le bruit qui s'est fait, chez nos voisins, autour de M. Owen et de son système. Pour la date des idées, c'est pourtant un contemporain de Fourier et de Saint-Simon, car bien que la manifestation première de ses vues ne remonte qu'à 1811 et à un discours public prononcé à Glasgow, dès avant cette époque, M. Owen avait énoncé des théories d'une hardiesse incontestable et réalisé des faits d'une importance plus décisive encore.

III. ROBERT OWEN

Né en 1771 à Newton, dans le Montgomeryshire, M. Owen fut livré de très bonne heure à un apprentissage commercial, qui ne laissa arriver jusqu'à lui que d'une manière incomplète les bienfaits de l'éducation lettrée. Il fut donc ainsi, dans la carrière de la science, le fils de ses œuvres, et si quelques ellipses accusent cette insuffisance d'études, le ton général de ses écrits et les investigations qu'ils supposent, attestent avec quelle patiente ardeur il chercha à combler cette lacune fondamentale. Peu d'auteurs le frappèrent, mais quand il en eut rencontré de sympathiques à ses vues, il s'en nourrit tellement, qu'il parvint à se les assimiler. C'est ainsi que l'on retrouve çà et là, dans ses travaux, des pages entières dérobées au *Contrat Social* ; c'est ainsi qu'il exhuma et fit revivre un écrivain oublié du XVIe siècle, John Bellers, économiste anglais, auquel il emprunta quelques éléments de sa théorie. Comme compléments à ces lectures, il adopta les ouvrages qui lui semblaient le plus profondément empreints de cette onction touchante et de cette inaltérable bonté qui sont l'essence même de son caractère.

C'était à New-Lanark que cette belle âme devait faire la première épreuve de ses facultés bienveillantes et douces. Mais auparavant M. Owen avait eu à parcourir les divers échelons de la hiérarchie industrielle. Simple commis à Londres, à Stamfort dans le Lincolnshire et à Northwich, il était devenu plus tard, à Manchester, l'associé de riches filateurs, avec lesquels il entreprit cette grande spéculation de New-Lanark, qui devait donner de beaux et positifs résultats. New-Lanark était un village manufacturier que M. Dale, depuis beau-père de M. Owen, avait créé, dès 1784, dans un comté écossais, sur les bords romantiques de la Clyde. A tout prendre, le pays offrait peu d'avantages pour une fondation pareille : le territoire était pauvre et mal cultivé, la population rare et misérable, les voies de communication clairsemées et horriblement entretenues. La seule raison qui détermina M. Dale fut une magnifique chute d'eau que présente sur ce point la rivière écossaise. La découverte de Watt n'avait pas encore complété celle d'Arkwright, et les puissances hydrauliques constituaient alors un inappréciable élément de richesse. M. Dale bâtit donc un village à New-Lanark et y installa les métiers de sa filature.

Au moment où la cession en fut faite à M. Owen, l'établissement, malgré, l'avantage de ses moteurs naturels, était loin d'être prospère.

Louis Reybaud

Quoiqu'on eût élevé de vastes constructions et offert aux travailleurs des logements gratuits, les bras manquaient à la manufacture, et la disette d'hommes avait empêché de se montrer difficile sur le choix. Comme élément viril, New-Lanark n'avait donc que le rebut de la population des trois royaumes, et les enfants que l'on tirait des hospices d'Édimbourg, étaient si faibles et si jeunes, qu'à moins de vouloir les énerver avant l'âge, il était impossible de les utiliser. Produit d'agrégats vicieux ou hétérogènes, la colonie de New-Lanark ne fut bientôt qu'un théâtre de plus ouvert aux débauches et aux misères qui déshonorent les grands centres manufacturiers. La paresse et la pauvreté, l'ignorance et l'ivrognerie, les dissensions religieuses, le vol, les querelles, s'y établirent à demeure, et le travail dut se ressentir de la moralité des individus qui y concouraient. Ainsi, tout excellent qu'il pût être, M. Dale n'avait réussi à fonder ni un village heureux, ni une manufacture florissante.

Ce fut dans cet état que M. Owen prit New-Lanark. Aux yeux des ouvriers indigènes il avait à expier sa qualité d'Anglais, peu pardonnée en Écosse ; il avait à lutter contre des habitudes prises et de mauvais penchants enracinés ; il avait à la fois à refaire l'ordre moral d'une colonie et à réhabiliter une spéculation. Il se dévoua noblement à cette double tâche, à la première avec son cœur, à la seconde avec sa tête. Les maîtres ne comprennent pas assez combien la moralisation de leurs ouvriers est à la fois une bonne œuvre et un bon calcul. Doué d'un sens droit et profond, M. Owen l'entrevit. Dès le jour de son installation, New-Lanark devint une famille de deux mille âmes, ramenée presque au droit naturel et gouvernée par un patriarche. Quatre ans suffirent pour faire d'une société déréglée et misérable une société heureuse et exemplaire. Tous les vices dont elle était infectée furent étudiés un à un, traités en détail et attentivement, guéris sans châtiment, réprimés sans violence. Ainsi, pour combattre le vol et le recel, on ne se prit point à punir les voleurs et les receleurs ; mais on leur apprit, ce qui vaut mieux, à rougir d'eux-mêmes ; on les prêcha par la parole et par l'exemple, on les fit entourer d'ouvriers vertueux, dont la surveillance les contenait et dont la conduite était pour eux un perpétuel reproche. En fait d'expiation, la peine infligée par un supérieur n'est rien pour le coupable ; ce qui lui est intolérable, c'est le mépris de ses égaux. Tout le code répressif de New-Lanark était

III. ROBERT OWEN

renfermé dans cette pensée. Quelques contremaîtres, hommes sages et probes, formés sous les yeux et par les soins de M. Owen, furent les instruments d'application : ils composèrent dans la colonie une hiérarchie imperceptible, qui, s'inspirant du chef, irradiait ensuite jusque dans les moindres ménages d'ouvriers pour y féconder les germes d'ordre, de bonté et de vertu. La police de New-Lanark se faisait ainsi de travailleur à travailleur, sans dureté, sans bassesse, sans espionnage, et la moralité étant devenue la règle, le vice dut dépérir peu à peu dans l'abandon et dans l'isolement. Le coupable, au milieu de cette société normale, devenait, on le devine, une sorte de paria, un être déclassé, qui ne sachant où rattacher ses mauvais desseins, était conduit nécessairement de l'impuissance au repentir. Aucun instinct dépravé ne se déroba à ce traitement doux et rationnel : la manie des disputes céda comme avait cédé le vol ; les dissensions religieuses, les liaisons irrégulières entre les sexes s'effacèrent aussi peu à peu et quittèrent New-Lanark. L'ivrognerie seule résista plus longtemps, les cabaretiers combattant pour elle au moins autant que les buveurs. Toute mesure de rigueur et d'autorité répugnant à M. Owen, il prit le parti d'entrer en lice, à armes égales, avec les débitants de spiritueux. Il ouvrit, pour son compte, un magasin de détail où le wiskey se vendait à trente pour cent au-dessous du cours, et il demeura de la sorte, en fort peu de temps, maître du monopole de la consommation. Dès-lors l'ivrognerie fut surveillée, mise à l'index de la population sobre, et quand le mépris vint la frapper à son tour, elle périt. Ainsi, sans moyens coercitifs, sans prison, sans juges, sans constables, M. Owen avait, comme par magie, improvisé une société que maintenaient dans la ligne du devoir le seul lien d'un contentement et d'une confiance réciproques, le désir de vivre en harmonie avec un milieu juste et moral, enfin les joies pures qui résultent de la seule pratique du bien.

Une réforme aussi clairvoyante dans son but, aussi décisive dans son action, ne provenait pas uniquement du grand sens expérimental de M. Owen : elle avait pris sa source dans un système complet qui peut s'appeler le gouvernement par le cœur et par la raison. « L'homme est bon, sortant des mains de Dieu, » s'était dit Jean-Jacques. « L'homme n'est ni bon, ni mauvais en naissant, se dit M. Owen : il est le jouet des circonstances dont on l'entoure : il

Louis Reybaud

devient mauvais, si elles sont mauvaises, bon si elles sont bonnes. » Une bienveillance absolue, sans restrictions et sans limites, une égalité tolérante, une grande liberté de mouvements, un retour vers les vérités éternelles dont l'homme porte le germe en lui, tels furent les premiers mobiles qu'il traduisit en modes d'action pour l'amélioration et la réforme de New-Lanark. Ne pouvant y associer les intérêts, il résolut du moins d'y associer les moralités et les sentiments. Son but principal était de prouver par les résultats issus d'une vie régulière, combien la vertu porte de récompenses en elle-même, et par quels invincibles attraits elle captive ceux qui l'ont une fois connue. Rendre le travail et la sagesse aimables, les habitudes d'ordre inhérentes à l'individu, toute la discipline de M. Owen est là. Il veut qu'habitué à des tableaux gracieux et doux, l'œil de l'homme ne puisse pas en regretter, en désirer d'autres. C'est vers la réalisation de cette idylle sociale qu'il conduisait New-Lanark ; c'est ce qu'il commentait en instructions confidentielles données à ses agents ; c'est ce qu'il enseignait aux ouvriers avec une persévérance et une sagacité merveilleuses. Les voyageurs qui le virent à l'œuvre ont épuisé, à ce sujet, toutes les formules de l'admiration, et l'un d'eux, le major Torrents, disait à son retour : « Cet homme est le patriarche de la raison. » A voir ce qui s'est passé depuis, n'y a-t-il pas lieu de dire sur-le-champ que l'homme en effet valait mieux que la méthode ?

Cependant New-Lanark, régénéré, marchait vers une situation chaque jour plus prospère. Comme spéculation, c'était devenu un magnifique succès ; comme société, un modèle. Bientôt les deux mille quatre cents habitants du bourg, non-seulement se trouvèrent à l'abri du besoin, mais furent initiés à quelques jouissances de luxe. Les ménages avaient tous leur jardin ; la culture et les promenades dans la campagne remplissaient les loisirs de l'ouvrier. Dirigée par M. Owen, la spéculation industrielle avait cessé de fonder ses bénéfices sur la santé de l'homme : elle usait de l'individu sans l'abrutir. La mesure du travail était réglée à dix heures par jour : les enfants n'étaient pas admis à la besogne avant l'âge de dix ans. Les ateliers étaient vastes, salubres, aérés, munis de ventilateurs qui en écartaient la poussière. Tout avait été calculé un peu dans l'intérêt du travail, mais beaucoup dans l'intérêt du travailleur. Dès le point du jour tous ces métiers s'ébranlaient à

III. ROBERT OWEN

la fois, et luttaient entre eux d'activité, de précision et d'adresse. Cette émulation spontanée était la seule garantie d'ordre et de dévouement sur laquelle pût compter M. Owen : il avait supprimé les autres ; les récompenses et les peines étaient inconnues à New-Lanark. Quand nous disons les peines, nous devons en excepter une seule qui constitue presque une dérogation au système du novateur. Dans la filature, sur la tête même de chaque ouvrier, était placé un indicateur à quatre faces : blanche, jaune, bleue et noire, qui voulaient dire : *bien, assez bien, médiocrement, mal.* Or, au rapport des visiteurs, il était rare que tous les indicateurs ne fussent pas tournés du côté de la marque blanche : à peine en apercevait-on quelques-unes de jaunes, moins encore de bleues, de noires point. Ce fut là tout le règlement disciplinaire de New-Lanark, bien opposé au système d'amendes et de réductions de salaires en vigueur dans presque tous nos ateliers. M. Owen avait du reste fait cette expérience qu'en prenant le contrepied exact de ce qui se pratique ailleurs, il arrivait nécessairement à de meilleurs résultats que les autres. Ainsi non-seulement il se piquait, dans la livraison de ses produits manufacturés, d'une bonne foi et d'une sincérité au-dessus de tout soupçon, mais encore il savait, en face de ses correspondants, abdiquer son propre intérêt pour défendre le leur d'une manière chevaleresque, que le gros des marchands regarderait comme insensée. Une forte commande lui arrivait-elle quand les cotons se trouvaient sur la pente d'une baisse, il conseillait à son correspondant d'attendre des prix plus réduits ; une hausse menaçait-elle au contraire ses articles, à l'instant même il en avertissait toutes les maisons qui se trouvaient avec lui en relations d'affaires, afin qu'elles eussent à presser leurs approvisionnements. Au point de vue ordinaire du commerce, de semblables procédés sembleraient devoir, dans leur désintéressement puéril, conduire une manufacture à sa ruine : New-Lanark a pourtant enrichi tous ses propriétaires ; le bilan de ses bénéfices s'est élevé à plusieurs millions. C'est qu'un pareil système lui avait acquis un bien inestimable, la confiance, et la confiance change en or tout ce qu'elle touche.

New-Lanark, dans son organisation industrielle, ne comportait pas l'action du directeur sur la fortune de l'ouvrier, simple salarié d'une manufacture, et non membre d'une association.

Louis Reybaud

Cependant M. Owen parvint à s'immiscer, d'une manière efficace et bienfaisante, dans l'emploi des deniers de ses travailleurs. Il leur donna l'idée d'une réserve et y aida de ses fonds ; il suivit le mouvement des consommations dans lesquelles allaient s'absorber les salaires, et parvint à les rendre moins coûteuses et meilleures. Ainsi, économisant aux colons de New-Lanark les privations qui résultent des bénéfices du détail, il créa des dépôts en tout genre, où les objets les plus nécessaires à la vie, achetés en gros et dans les centres de production, étaient cédés à l'ouvrier au prix coûtant. Le plus religieux scrupule présidait à ces ventes, dont le but était de ne pas spéculer sur le pauvre. Les denrées y étaient livrées à un tiers meilleur marché qu'au Vieux-Lanark, bourgade la plus voisine. Ce sont là des preuves de bienveillance que comprennent les hommes les plus simples, parce qu'elles touchent aux besoins les plus immédiats et les plus ordinaires de la vie. Chaque ouvrier, ayant un crédit ouvert à la direction, recevait en échange de son travail, soit des effets, soit des denrées, ou de l'argent, s'il le préférait ; quelquefois, et surtout dans les cas de maladie, on lui faisait des avances. Réalisant même d'une façon partielle le système de la communauté, M. Owen avait fait établir, pour les ouvriers non mariés, une vaste cuisine avec un réfectoire attenant, où ils pouvaient jouir de tous les avantages qui résultent de la préparation des aliments sur une grande échelle : variété, choix, abondance, économie. Ainsi, à l'ombre d'un patronage éclairé, cette population, sans être plus riche en argent que celle des autres centres industriels, se trouvait être, par le fait, beaucoup plus riche en jouissances.

Inspirés par M. Owen, les propriétaires de la manufacture comprirent bientôt qu'ils ne pouvaient plus se regarder à New-Lanark comme de simples spéculateurs, mais bien comme les chefs responsables d'une société ouvrière. De vastes constructions s'élevèrent dans un seul but d'utilité publique : l'une d'elles était l'infirmerie ; l'autre, l'école des enfants. Cette dernière fondation a été l'un des faits les plus concluants de New-Lanark, et, nous le croyons, celui qui inspira à M. Owen la foi la plus active dans la vertu de son système. Depuis longtemps il caressait cette idée, que les châtiments et les récompenses, qui composent la loi d'équilibre de ce monde, comme ils sont notre perspective dans l'autre, entraient pour beaucoup dans les misères qui nous rongent et dans les jalousies qui nous divisent ; qu'en exaltant les uns et en abaissant les autres, elles créaient ici-bas l'inégalité des rangs, la hiérarchie des familles et l'infériorité des races. D'après lui, tout le bagage de nos vieilles vanités, de nos distinctions subtiles, des oppressions brutales ou raffinées qui règnent d'individu à individu, de caste à caste, de fortune à fortune, de mérite à mérite, de caractère à caractère, de titre à titre, ne provient que de la valeur d'appréciation arbitrairement attribuée aux personnes ou aux actes, et surtout de la tendance fâcheuse des sociétés vers un besoin impérieux de louange ou de blâme, de récompense ou de châtiment. Il lui semblait donc souverainement utile d'essayer sur une troupe de jeunes enfants si une méthode dépourvue à la fois d'encouragements et de reproches, de couronnes et de férules, déterminerait des résultats assez beaux pour qu'on pût s'en armer victorieusement contre les expédients contraires.

Ce fut dans cet esprit qu'il organisa son institution de jeunes élèves, et s'il ne fallait pas, ici encore, tenir plutôt compte de la puissance de l'homme que de la vertu du procédé, on pourrait ajouter que l'expérience a conclu en faveur de son idée. Il ne semble pas, en effet, que, pour n'être point récompensés, les élèves de New-Lanark se soient montrés moins ardents à l'étude, ni moins retenus, pour n'être pas punis. Les voyageurs qui ont vu les écoles de M. Owen ne tarissent pas en éloges sur les manières gracieuses et charmantes, sur la politesse, la gaieté, l'intelligence de ces aimables enfants. Jamais de querelles parmi eux, jamais de voies de fait ; l'union la plus touchante présidait à leurs amusements et à leurs études. Par son mouvement intérieur, par la nature de son enseignement, par ses modes d'influence et d'action, l'institution de New-Lanark offrait des analogies frappantes avec ce qui se remarque aujourd'hui dans les salles d'asile, devenues si nombreuses en Angleterre, en Suisse et en France. Ainsi, pour être juste, il faudrait rapporter, en partie du moins, à M. Owen le mérite d'une création que l'on a attribuée jusqu'ici au vénérable pasteur Oberlin, du Ban de la Roche. A New-Lanark, les élèves étaient distribués en diverses classes, qui formaient une échelle d'âges et de leçons, depuis les éléments de la lecture et de l'écriture, tâche des plus jeunes, jusqu'aux notions les plus élevées du calcul, étude de leurs aînés. Cette éducation s'arrêtait, il est vrai, à la dixième année des enfants, époque de leur entrée dans les ateliers ; mais elle était si spéciale et si bien appliquée, qu'ils avaient eu le temps d'acquérir des connaissances assez étendues en géométrie, en sciences mécaniques et en histoire naturelle. La méthode d'enseignement était à la fois simple et féconde ; presque toujours, à la démonstration abstraite on alliait la méthode concrète, de manière à ce que la pensée de l'enfant pût s'appuyer sur une forme saisissable, et suivre dans sa représentation réelle l'objet dont on lui détaillait les propriétés. Ensuite ces études ne s'offraient pas à lui d'une manière aride et austère ; il apprenait l'histoire naturelle en se promenant dans la campagne, la géographie autour d'une vaste mappemonde, sur laquelle il voyageait en compagnie de son moniteur ; l'histoire, à l'aide de planches synchroniques qui en résumaient la substance ; le calcul, sur un vaste tableau, auquel cent yeux semblaient demander à la fois la solution du même problème. Moins exclusif que ne le sont d'ordinaire les inventeurs, M. Owen sut faire aussi des emprunts utiles aux systèmes d'éducation alors en vogue, et c'est ainsi qu'il naturalisa à New-Lanark, en les combinant, Bell, Lancaster et Pestalozzi. Quant aux jeunes filles, leur éducation embrassait, comme on le devine, de moins vastes sphères ; l'écriture, la lecture, la couture surtout, tel était pour elles le cercle de cet enseignement, toujours facile et semé d'attraits.

Comme local, l'école de New-Lanark était un fort beau bâtiment, avec des salles pour quatre cents élèves, et une grande galerie intérieure où douze cents personnes pouvaient s'asseoir. De vastes cours, des jardins, des vergers, puis la campagne environnante, étaient le théâtre où les deux sexes, souvent confondus, se livraient à des récréations joyeuses et bruyantes. Quoique toute liberté fût laissée à leurs ébats, il s'était établi parmi les élèves une sorte de discipline et de surveillance mutuelles qui maintenaient dans leurs rangs l'ordre, la justice et l'union. Une méchanceté était punie par le délaissement, peine affreuse pour le jeune âge ; un abus de force était réprimé par l'intervention de la force collective. Parfois encore, au lieu de se livrer à des jeux épars et turbulents, les enfants se réunissaient par groupes dans les salles, pour y exécuter, ou des chœurs, ou des espèces d'évolutions militaires au son du fifre montagnard. Aucun voyageur ne semble s'être dérobé à l'effet

III. ROBERT OWEN

produit par ces petites voix d'anges, quand elles entonnaient, avec un délicieux unisson, leur chant national : *When first this humble roof I knew* (quand pour la première fois je connus cet humble toit). La fraîcheur de ces timbres, l'accord de ces intonations, joints au spectacle de ces visages vermeils, de ces têtes blondes et bouclées, laissaient dans l'âme les impressions les plus satisfaisantes et les plus douces. En d'autres occasions, la danse avait le pas sur le chant, ou bien l'un et l'autre se combinaient de la manière la plus heureuse. L'ensemble de ces fêtes naïves était comme un écho lointain des jeux de la Grèce, et des théories de Sparte avec leurs groupes d'enfants.

Par une innovation inouïe en Angleterre, l'éducation de New-Lanark n'impliquait point d'instruction religieuse, spéciale pour aucune secte ; mais les parents demeuraient les maîtres de diriger à leur gré les croyances de leurs enfants, et une tolérance sans limites était la seule impulsion que, pour sa part, M. Owen voulût imprimer dans cet ordre d'idées et de rapports. Il n'était en cela que conséquent avec lui-même, car cet esprit de liberté religieuse était l'un des éléments constitutifs de sa grande colonie. Toute pratique de dévotion y était protégée à titre égal, et le soin unique de M. Owen était d'empêcher qu'aucune secte n'y prît des allures dominantes. Ainsi, l'on pouvait voir à New-Lanark, vivant côte à côte et en parfaite intelligence, des quakers, des anabaptistes, des anglicans, des catholiques, des presbytériens, des méthodistes, des indépendants, sans qu'aucune de ces églises se sentît tourmentée de ces velléités de prosélytisme auxquelles les sectes religieuses résistent si rarement.

Tel fut New-Lanark sous la main et sous le regard de M. Owen. Pour maîtriser cette société et soumettre ces natures naguère si rebelles, il lui avait fallu prouver seulement avec toute évidence que ce qu'il en faisait était plutôt dans l'intérêt des ouvriers que dans le sien. A l'aide de mesures d'une justice et d'une sincérité invariables, au moyen de procédés d'une bienveillance persévérante et presque systématique, il parvint à démontrer à ces hommes que son seul et vrai désir était d'accroître, non son propre bien-être, mais celui de ses subordonnés. Quand ils furent une fois convaincus de ce fait, ils écoutèrent avec docilité celui qui les gouvernait avec désintéressement et avec sagesse. En même temps qu'il fondait sur

Louis Reybaud

cette base les rapports de ces hommes avec lui, M. Owen dirigeait leurs rapports entre eux dans la même ligne d'idées, combattant le vice par le mépris et l'isolement, prêchant la vertu par le spectacle de ses bienfaits et de ses joies. Il créa de la sorte, pour New-Lanark, un milieu nouveau, d'où disparurent toutes les circonstances qui pouvaient servir au développement des mauvais instincts, pour ne laisser de jeu libre qu'aux circonstances, mères d'un esprit d'ordre, de régularité, de tempérance et d'industrie. C'est ainsi que, par calcul autant que par raison, cette population ouvrière se laissa guider dans une voie de réforme, dont sa prospérité et son bonheur formaient le couronnement.

Une fois arrivé là, M. Owen comprit qu'il y avait pour lui un théâtre plus vaste. Il dut se dire et se dit que, si New-Lanark, colonie d'artisans écossais, avait pu être gouverné par le seul code de la raison, sans shériff et sans coroner, il n'existait aucun motif de croire qu'un pareil système ne pût s'appliquer à toutes les sociétés humaines. L'heure, d'ailleurs, était parfaitement choisie pour une propagande. New-Lanark avait fait du bruit en Europe ; il avait occupé beaucoup de têtes et passionné encore plus d'imaginations. Chaque année, deux mille visiteurs, et dans le nombre des personnages importants, parmi lesquels figura l'empereur actuel de Russie, venaient jouir du spectacle de cette colonisation, aussi heureuse, sur les bords de la Clyde, que celle des Battuecas dans sa fabuleuse oasis d'Ibérie, ou celle des Andorrains dans ce vallon mystérieux que forme un repli des Pyrénées. New-Lanark avait la vogue, il fallait en profiter. Puis, les incrédules disaient qu'une épreuve isolée ne concluait pas, que l'intervention de l'homme accroissait la valeur apparente du procédé, qu'enfin les exemples de ces civilisations heureuses et solitaires n'étaient pas rares dans l'histoire des peuples et ne réagissaient jamais du particulier au général. A cela il fallait répondre par des vues nettes, décisives, frappantes. Le réformateur de New-Lanark devait cette preuve et à ses amis et à ses ennemis.

Cependant avant de formuler son expérience en théorie, M. 0wen crut nécessaire de la compléter. Le principe de la communauté envisagée d'une manière absolue, et dans ses moyens et dans ses fins, était depuis longtemps au fond de sa pensée ; mais l'organisation tout industrielle de New-Lanark, qui en fait ne constituait pas une association, mais une spéculation privée, s'était opposée à ce qu'aucune expérience de ce genre fût tentée dans la colonie écossaise. Moins gêné dans ses allures que le gérant d'une commandite, l'écrivain laissa entrevoir cette face de sa conception dans les pages qu'il publia dès 1812, sous ce titre : *New views of society or essays upon, the formation of human character ; — Nouvelles vues de la société ou essais sur la formation du caractère humain.* — C'est dans cet écrit, que, pour la première fois, es vues de M. Owen, jusqu'alors à l'état expérimental, commencent à affecter une forme scientifique, et il est facile d'en dégager quelque chose qui ressemble à un système. L'irresponsabilité humaine dans sa plus grande extension, excluant tout mode de louange ou de blâme, de récompense ou de châtiment, et impliquant jusqu'à l'impunité des actes les plus répréhensibles ; le renouvellement complet des circonstances qui entourent l'humanité, ou en d'autres mots la réforme de l'éducation ; enfin la communauté combinée avec l'égalité de droits, c'est-à-dire l'abolition de toutes les supériorités, même celles de l'intelligence et du capital : tels sont les principes qui apparaissent dans cette première évolution du système de M. Owen, et qui ressortent d'une manière plus précise encore de ses manifestations successives. De ces trois éléments allait naître, en suivant la donnée première, le règne de la bienveillance : l'irresponsabilité humaine devait en faire une loi de nature ; la réforme de l'éducation, une loi des caractères ; la communauté, une loi des intérêts. Ainsi les haines, désormais sans motif et sans but, étaient désarmées ; ainsi tombait, devant une bienveillance nécessaire et irrésistible, tout ce qui aigrit et divise les hommes.

On verra plus tard combien ces idées ont peu de consistance scientifique. En théorie, l'irresponsabilité humaine, issue de la vieille controverse de la liberté et de la nécessité de nos actions, ne supporte pas longtemps l'examen ; en pratique, la communauté est un rêve dont l'expérience a plusieurs fois démontré la vanité. En ceci pourtant, le point de vue particulier de M. Owen s'explique par son caractère même. Doué d'une de ces natures qui tiennent de l'ange, il n'avait pu voir dans les mauvaises passions autre chose qu'une maladie accidentelle, inoculée par les circonstances, et sans racines chez l'individu. Le diagnostic une fois établi dans ce sens, M. Owen avait dû traiter la maladie par les remèdes les plus doux, les plus inoffensifs, les plus appropriés à son tempérament. De là peut-être cette impuissance dans sa conception théorique qui n'a pas même en elle la virtualité entière des résultats obtenus à New-Lanark, et qui vicie ces résultats plus qu'elle ne les corrobore par des principes étrangers à cette triomphante épreuve.

En revanche, quand on le replace sur son terrain manufacturier, M. Owen retrouve tous ses avantages et toute sa force. Ainsi, dès 1811, il avait prévu l'avenir que les machines réservaient à la classe ouvrière, et en 1818 il adressait, à ce sujet, un mémoire aux souverains de la sainte-alliance, réunis alors en congrès à Aix-la-Chapelle. Dans ce factum, il prouvait, par des chiffres, que de 1792 à 1817 les découvertes d'Arkwright et de Watt avaient augmenté de douze fois la puissance productrice de la Grande-Bretagne, sans qu'il en fût résulté autre chose qu'une misère chaque jour croissante parmi les travailleurs ; il y établissait que la taxe des pauvres avait dû s'élever et s'élevait toujours en raison directe des économies introduites dans la main-d'œuvre ; enfin il en concluait que, dans l'état actuel de la production et de la distribution des richesses, la misère des classes laborieuses ne pouvait aller qu'en s'aggravant, et empirer d'autant plus que les forces mécaniques se substitueraient davantage à l'action de l'homme. Pour sortir de cette voie fatale, il n'y avait, selon M. Owen, qu'une seule issue : c'était de renoncer à ces grands centres manufacturiers, livrés à un jeu perpétuel d'activité et de chômage, théâtres d'une concurrence déréglée et jalouse, et de les remplacer par de petits centres à la fois industriels et agricoles, tracés dans la ligne de ses principes, et gouvernés d'après ses vues. Partagés entre la culture de la terre et la fabrication de divers produits, les membres de ces colonies pourraient alors demander à l'une de ces natures de travail ce que l'autre leur refuserait, et tirer directement du sol une nourriture qu'ils ne parviendraient plus à se procurer par les voies indirectes de l'industrie. Comme élément de population, M. Owen n'exigeait pas des ouvriers de choix, des hommes habiles et expérimentés, mais seulement cette masse illettrée et fainéante qui vit, en Angleterre, à l'ombre du paupérisme. A l'appui, et comme justification de son projet, il citait aux souverains alliés son expérience de New-Lanark, en ne lui attribuant toutefois qu'une valeur d'approximation, et il appuyait le tout de calculs de dépenses, de devis, de plans détaillés

III. ROBERT OWEN

et de modèles en relief. On pressent facilement quel fut le sort de ce mémoire : le congrès d'Aix-la-Chapelle, arbitre du sort politique de l'Europe, ne pouvait pas déroger à ce point de s'occuper du sort des travailleurs.

Cette époque est toutefois l'une des plus belles phases de la vie de M. Owen. Dans la croisade qu'il allait entreprendre contre les préjugés régnants, il pouvait se présenter au public armé d'une réalisation retentissante, et, ce qui n'était pas moins décisif, d'une fortune de plusieurs millions. Son nom avait de l'ascendant, sa découverte soulevait l'enthousiasme. A l'apparition de ses *Essais*, lord Liverpool, alors chef du cabinet, se crut obligé d'en confier l'examen à lord Sidmouth, secrétaire d'état au ministère de l'intérieur, et celui-ci, dans une conférence officielle, n'hésita pas à déclarer au novateur que le gouvernement inclinait vers ses vues, et les appliquerait aussitôt que l'esprit public y serait préparé. Des exemplaires des *Essais* furent envoyés à tous les hommes importants du Royaume-Uni, aux évêques d'Angleterre, aux lords, aux membres de la chambre des communes, enfin à toutes les universités du monde. Les personnages les plus haut placés ne craignaient pas d'avouer leurs sympathies pour les idées de M. Owen, et, à diverses reprises, les frères du roi, le duc de Kent et le duc de Sussex, présidèrent les *meetings* où le philantrope gallois énonça et développa sa doctrine. M. Owen avait un parti dans le parlement, dans l'administration, dans le haut commerce. Les souverains ne dédaignaient pas de lui écrire des lettres autographes, et le roi de Prusse lui envoya une médaille d'or. Ceux même qui repoussaient le plus vivement ses opinions, ne pouvaient s'empêcher de témoigner leurs sympathies pour sa personne. Jamais réformateur ne fut plus applaudi, plus encouragé dans ses débuts.

M. Owen n'accepta pas pour lui-même cet engouement et cette sympathie, mais il les mit au service de ce qu'il croyait être la vérité. Quand le moment fut venu d'abdiquer cette popularité éphémère, il le fit avec un désintéressement, une simplicité, une noblesse, qui ne sont pas de ce siècle. Loin de vouloir tirer aucun parti de sa mission, il y consacra une portion de son immense fortune. On ne saurait évaluer à moins d'un million de francs, les premiers frais de propagation de sa doctrine, tant par la presse périodique que par des brochures tirées à cent mille exemplaires, et ce million fut payé des deniers de M. Owen. Quand, plus tard, il s'agit d'ouvrir des souscriptions pour fonder des colonies expérimentales, M. Owen figura toujours, pour une somme importante, en tête de la liste des souscripteurs. Richesse, santé, ambition, loisirs, jouissances du luxe, M. Owen sacrifia tout à son rôle d'adoption ; il y apporta autant d'opiniâtreté que de grandeur d'âme, autant d'abnégation que de vertu. De 1812 à 1817, sa vie est un triomphe, de 1817 à 1824, elle est un combat. Dans la première de ces périodes, à l'aide de *meetings*, de prédications publiques de *tracts*, petits imprimés distribués gratuitement dans les rues, il était parvenu à s'emparer de l'attention publique ; il avait pu se faire écouter d'un comité de la chambre des communes, pour lequel il rédigea *un rapport sur les pauvres employés dans les manufactures* ; il avait développé largement ses idées par toutes les voies, soit dans le *Brithsh Stateman* et dans plusieurs autres feuilles périodiques, soit à l'aide de manifestes innombrables adressés à toutes les classes et à tous les corps d'état ; enfin, et ce qui était bien plus important, il avait réussi à ouvrir une souscription, en tête de laquelle il se trouvait inscrit, lui et son banquier, M. Smith, chacun pour une somme de 1,000 livres sterling (12,500 francs). On devait, avec les fonds recueillis, acheter en Écosse, à Motherwell, cinq cents acres de terres et y élever les constructions nécessaires pour une colonie d'essai. Ne renfermant pas sa propagande dans les limites de la grande île, M. Owen avait traversé la mer, et était allé porter à l'Irlande, ce malheureux satellite de l'Angleterre, des paroles d'espoir, de consolation et de bonheur. Dans trois assemblées présidées par le lord-maire, il avait, à Dublin, posé les bases d'une société philantropique qui devait s'organiser et se constituer plus tard.

Tout semblait marcher au gré du novateur, quand sa franchise austère vint se heurter contre deux écueils, l'opinion religieuse et l'opinion radicale. Peu explicite jusqu'alors en matière de culte, M. Owen s'était borné à prêcher une inaltérable tolérance pour tous, sans rompre en visière à aucun ; mais, vers 1817, préférant une lutte ouverte à des hostilités sourdes, il dégagea du sein de son système une révolte qui y était demeurée jusqu'à ce moment à l'état implicite, et accusa publiquement, ouvertement, toutes les

III. ROBERT OWEN

religions existantes, de mensonge, d'impuissance, de tendance subversive, et de violation flagrante des lois de la nature. Il déclara que, fondées sur la responsabilité humaine et sur l'action de l'individu dans sa destinée, elles partaient d'une erreur pour arriver à une injustice, la récompense ou la peine, outrageaient la bonté suprême et calomniaient Dieu. Il ajouta que la preuve de la vanité de ces religions se trouvait dans le malheur même des sociétés faites à leur image, et que tant qu'on ne les ramènerait pas à une bienveillance systématique par la désertion du principe de la responsabilité, on ne ferait que perpétuer la misère dans ce monde et la déception dans l'autre. A des imputations pareilles, on devine quelles clameurs dut jeter le clergé le plus intolérant et le plus puissant qui soit sous le ciel. Dans l'Espagne de Philippe II, on eût brûlé M. Owen ; à Rome, on l'eût excommunié ; en Angleterre, on le discrédita dans l'ombre. Cette manière d'écraser un homme est moins retentissante, mais plus sûre on ne tue pas l'individu, mais on étouffe sa pensée.

Encore si M. Owen, en soulevant contre lui l'animosité religieuse, s'était ménagé un abri auprès des partis politiques qui aspiraient à l'avenir, peut-être serait-il parvenu à rasseoir sa popularité chancelante. Il s'agissait seulement pour cela de se taire sur des questions à l'examen desquelles rien ne le sollicitait, et qui, dans ses vues générales, ne pouvaient être regardées que comme un incident de pure forme. Mais la sincérité de M. Owen n'admettait pas même de réticences, et amené sur le terrain des affaires courantes, il dit toute sa pensée au radicalisme, comme il l'avait dite au clergé. A une époque où la réforme et l'abolition des bourgs-pourris passionnaient tant de têtes, il entreprit de démontrer combien ces mesures seraient vaines et stériles dans l'application, combien elles seraient inefficaces pour extirper le paupérisme, organiser les classes industrielles, et retremper la moralité humaine. En face de ce dédain, tout bienveillant, il est vrai, pour des idées favorites, on s'explique comment des radicaux influents, MM. Waitman, Torrents, Cartwright et le célèbre Henri Hunt, ont repoussé et accusé même M. Owen, le radical par excellence. Sa franchise ne lui fut pas pardonnée, et il en porta la peine en 1819, quand il se présenta sur les hustings ; comme candidat à la députation.

Ainsi, peu à peu toute protection, tout appui, s'étaient retirés de M.

Louis Reybaud

Owen. Son patron, le duc de Kent, était mort, le clergé l'avait mis au ban de la population dévote, le gouvernement ne s'inquiétait plus de ses idées, le radicalisme le boudait. A peine était-il resté autour de lui quelques-uns de ces hommes sympathiques, doués de la faculté rare qui isole l'individu des circonstances environnantes, et lui fait voir quelque chose au-delà du présent. Ces prosélytes suffisaient aux développements du système de M. Owen sur le sol anglais. Quant à lui, ne pouvant se résigner à la perspective d'une réalisation précaire et lente, il aima mieux changer de théâtre, et demander à un pays vierge ce que la vieille Europe lui refusait. Il lui fallait un terrain où il pût marcher dans sa voie, sans se trouver embarrassé par les ronces du privilège, où son action fût plus libre, son horizon plus étendu, sa voix mieux comprise. Il songea à l'Amérique.

Essai de New-Harmony

Aux États-Unis, dans le district d'Indiana, et sur les bords heureux de la Wabash, vivait une colonie d'Harmoniens, secte austère et pieuse, gouvernée par un fanatique Allemand, nommé Rapp, et maintenue par son seul ascendant sous la règle d'une communauté presque monacale. C'est au milieu d'elle que parut M. Owen, en 1824. Le territoire lui convenait ; les constructions déjà faites se prêtaient à la réalisation de ses vues ; il traita, et acquit une bourgade pouvant loger deux mille âmes, New-Harmony, et trente mille acres de terrain dont une bonne partie en rapport. Quand cet achat eut été effectué, M. Owen se rendit à Washington, s'y aboucha avec le président, et obtint la faculté de pouvoir développer ses vues devant le congrès de l'Union. Une séance fut prise, et le nouveau propriétaire de New-Harmony s'y exprima avec la franchise et la liberté qui lui étaient habituelles, sans que l'assemblée parût témoigner autre chose qu'une attention et une curiosité soutenues. L'Amérique avait sans doute, comme l'Europe, ses scrupules religieux et ses préjugés politiques, mais on y professait du moins le respect de toutes les opinions consciencieuses. Au dehors le succès de M. Owen fut plus grand encore, car il devait voir accourir à lui les âmes enthousiastes et mobiles, les existences déclassées et suspectes qui s'agitent toujours à l'entour de la nouveauté.

New-Harmony ayant été ouvert, une foule immense se pressa à ses portes, en exprimant le désir de faire partie de la colonie nouvelle. Dans cette multitude fort mêlée, on comptait bien, çà et là, et par exception, quelques hommes distingués ; mais le reste se composait du rebut de la société américaine, de pauvres ou de fainéants, de vagabonds ou de débauchés, enfin de *Backs-woods-men*, êtres à demi sauvages, habitués à vivre de leur chasse dans les forêts du Nouveau-Monde. A peine M. Owen eut-il entrevu de quels éléments se composerait sa colonie nouvelle, qu'il se prit à désespérer d'un bon résultat immédiat. Au lieu de regarder New-Harmony comme une réalisation intégrale, il n'en fit qu'une *société préliminaire*, une espèce d'initiation partielle, une communauté préparatoire devant peu à peu verser ses sujets d'élite dans la communauté définitive. Ainsi l'égalité parfaite de droits ne put jamais être inaugurée à New-Harmony même. Mais autour de ce grand centre d'essai se formèrent bientôt une foule de petits centres, où se groupèrent, sous la loi d'un niveau absolu et systématique, les colons qui, à l'œuvre, avaient pu prendre une confiance réciproque dans leur bonne volonté. Dans d'autres centres, issus également de New-Harmony, on consacra la communauté, mais seulement dans les habitudes et pas dans les intérêts. Ainsi chaque société coopérative, chaque hameau, chaque ferme eut son code modifié, sa vie personnelle, ses statuts, son régime, le plus souvent dans la ligne du système de M. Owen, mais quelquefois hors de ses voies. Rien au monde ne pouvait être moins concluant que des expériences ainsi faites.

C'est qu'à l'épreuve, le système de communauté libre et absolue, sans mobile religieux pour contrepoids, avait démasqué ses écueils. Une société, pour jouir de toutes ses facultés d'influence et d'action, ne doit pas se former seulement de bras laborieux, mais d'intelligences fécondes, et de capitaux créateurs. Or, la communauté pure exclut ces deux derniers éléments ; elle ne tient compte que de l'individu intrinsèque : le millionnaire et l'homme de génie n'y figurent que pour une unité, comme le plus abruti et le plus paresseux des ouvriers. Quelque disposé que l'on soit, quand on est riche ou intelligent, à signer une abdication volontaire, il est impossible de se sentir porté vers un ordre social qui ne laisse

Louis Reybaud

pas même au talent et à la fortune le mérite du désintéressement, puisqu'il les détrône sans les consulter. Aussi qu'arriva-t-il ? C'est que la richesse et la capacité restèrent sourdes à la voix du fondateur de New-Harmony, et que le personnel de sa colonie se composa principalement d'hommes incultes, grossiers, vicieux, placés au dernier degré de l'échelle sociale. Ensuite, même parmi ces hommes, se révélèrent bientôt des inégalités d'aptitude, de forces, de bon vouloir, d'ardeur, d'émulation, qui firent du système de répartition égale une injustice permanente, et la réaction qui en fut la suite, attaqua dans ses sources mêmes le mouvement de la production. Rassurés sur les premiers besoins de la vie, les ouvriers se reposèrent volontiers les uns sur les autres du soin d'accomplir le travail, et un déficit flagrant dans les produits donna aux espérances préconçues le cruel démenti des faits. M. Owen n'attribue ces résultats qu'à un défaut de préparation dans les caractères ; mais c'est là résoudre toujours la question par la question, et demander une population d'anges pour constituer une bonne société humaine. Le véritable dissolvant de New-Harmony fut le principe de la communauté, principe à la fois insensé et stérile, soit qu'il procède du stoïcisme et de la privation, soit qu'il invoque des satisfactions impossibles.

Il faut toutefois rendre justice à l'essai de New-Harmony, qu'en dehors de cet échec et de ce mécompte, il sut reproduire et continuer une portion des bienfaits créés à New-Lanark. L'enfance, ce grand espoir de M. Owen, fut surveillée avec une attention particulière ; on y perfectionna toutes les méthodes d'éducation, on parvint même à obtenir des adultes ce qu'on demandait vainement à l'âge viril, une exploitation agricole conduite avec ensemble et avec ardeur. Des sociétés d'arts mécaniques et d'agriculture furent formées dans le principal centre de New-Harmony, et le petit noyau d'hommes d'élite qui s'était attaché à la fortune de M. Owen chercha, sous son inspiration, à dégrossir et à civiliser cette population presque primitive. On eut des bals, des concerts, des soirées ; on mêla les travaux les plus humbles aux occupations les plus libérales. Ainsi, en sortant de la vacherie, les jeunes femmes se mettaient à leur piano, ce qui amusa fort le duc de Saxe-Weymar, lorsqu'il visita New-Harmony. Un costume spécial avait été ordonné : c'étaient pour les femmes des robes flottantes à l'antique, pour les hommes

III. ROBERT OWEN

la tunique grecque avec le large pantalon. Autant que possible, on chercha à faire tomber en désuétude ces mille distinctions subtiles que notre vanité sociale a créées, et qui trouvent autant de racines dans les habitudes de tous que dans les prétentions de quelques-uns. Les logements furent disposés, meublés, de la même façon ; le vêtement fut uniforme, la nourriture commune. La vie animale était si abondante et si facile, que la nourriture des colons ne coûtait pas plus de trois à quatre sous par tête. Ainsi, quoique livrée à des éléments de désorganisation intérieure, cette colonie américaine n'en était pas moins beaucoup plus heureuse et beaucoup plus régulière que ne l'est notre grande et maladive société.

Tout incomplètes que fussent la communauté de New-Harmony et celles qui fonctionnaient dans sa zône, un élan d'imitation se manifesta bientôt sur tout le territoire des États-Unis ; chaque état voulut avoir sa société coopérative. On en fonda à Valley-Forge, à Seiba-Pevely, à Haver-Strand sur l'Hudson, à Kendal, sur la route de Princeton. De la race blanche on passa aux hommes de couleur, et miss Frances Wright créa pour ces derniers une colonie coopérative à Nashoba, non loin des bords du Mississipi. Enfin, vers le milieu de 1827, on comptait dans l'Union plus de trente établissements régis d'après des vues qui tenaient, de près ou de loin, au système de M. Owen, sans comprendre dans ce nombre les communautés purement religieuses, comme celle de l'Allemand Rapp.

Cependant, il faut le dire, M. Owen n'était pas content de son essai. Il avait rencontré en Amérique les mêmes obstacles qu'il n'avait pu vaincre en Europe ; il s'était vu forcé de rompre des lances théologiques contre un méthodiste fougueux nommé Campbell, qui parcourait l'Union en prêchant une croisade contre lui ; il avait eu la douleur de voir New-Harmony, auquel il avait consacré une portion de sa fortune, dégénérer en expérience négative, et de sentir poindre la désunion et l'égoïsme là où il comptait asseoir à tout jamais le désintéressement et la bienveillance. Alors il fit un nouveau retour sur ses idées ; il se dit qu'à moins d'avoir réformé la moralité générale, on échouerait toujours dans des réalisations particulières, et qu'il valait mieux agir par voie de théorie sur toute l'humanité, que par voie de pratique, sur de petits centres d'expérimentation. Dans cette nouvelle vue, il quitta l'Amérique

Louis Reybaud

après deux voyages successifs, laissant à sa famille, avec la propriété entière du territoire de New-Harmony, le soin d'y perpétuer, par une gestion bienveillante, la pensée de sa fondation et les souvenirs de son origine.

Essai d'Orbiston – Mouvement des idées de M. Owen en Angleterre, de 1825 à 1837

On a vu que M. Owen avait laissé, dans le Royaume-Uni, des projets entamés et des entreprises en germe. Durant son absence, ses disciples s'étaient dévoués à les poursuivre. Une *Société coopérative* s'était formée à Londres, et avait eu bientôt des succursales dans toute la Grande-Bretagne, à Dublin, à Brighton, à Exeter, à Liverpool, à Huddersfield, à Glasgow, à Edimbourg, à Cork, à Belfast, à Birmingham, à Manchester, à Saldfort, à Derby. Au retour de M. Owen, cette ligue était à peu près complète ; sur quelque point du royaume qu'il se portât, il y rencontrait un comité chargé d'aplanir les voies à une assemblée publique, et prêt à continuer l'élan d'une première propagation. Ainsi, lors de son premier voyage, M. Owen trouva à Londres un *meeting* de deux mille personnes, disposées non seulement à l'attention, mais encore à la sympathie. Un organe périodique, le *Cooperative Magazine*, avait été fondé, et vouait dès-lors l'influence de sa publicité au mouvement de la doctrine.

L'une des tendances les plus vives de ce moment fut la réalisation. Presque toujours les assemblées publiques étaient suivies d'une ouverture de souscription pour la fondation d'une colonie d'essai sur des plans donnés et d'après des modèles figurés en relief. Il ne semble pas qu'aucune de ces tentatives ait eu une issue sérieuse, si ce n'est pourtant celle d'Orbiston. Orbiston, bourgade située près d'Édimbourg, et sur les terres de M. Hamilton, l'un des souscripteurs de Motherwell, fut le troisième essai réel de la méthode de M. Owen, tempérée par les idées de son plus éminent disciple, M. Abram Combe. Doué d'un sens droit et profond, M. Abram Combe avait compris sur-le-champ qu'un système absolu en fait de communauté devait nécessairement éloigner les capitalistes, et, pour conjurer cet obstacle, il avait divisé sa colonie en deux classes, celle des propriétaires et celle des fermiers, sans exclure toutefois la faculté d'être à la fois fermier et propriétaire. C'était consacrer le droit du capital et tourner l'écueil le plus saillant de la communauté.

Mais cette dérogation au système ne le sauva pas d'un second échec. A Orbiston comme à New-Harmony, ce qui se présenta d'abord comme élément, ce fut l'écume de la population. Trouvant là des bâtiments vastes et commodes, des fermes, des vergers, des jardins, les nouveaux colons se crurent appelés à jouir de tous ces biens sans travail, sans souci, sans fatigue, et quand on leur parla d'amélioration morale, ils répondirent qu'ils se trouvaient suffisamment moraux et suffisamment améliorés. Cependant, à l'aide d'une patience évangélique et d'un tact exquis, M. Abram Combe parvint un instant à renouveler le miracle de New-Lanark et à dompter ces natures rebelles. Dans les débuts, peu de membres de la communauté consentaient à se prêter à une besogne qui n'était pas imposée et contrainte ; bientôt ils y concoururent presque tous, excités par l'attrait du travail même. Les femmes, d'abord tracassières et acariâtres, devinrent par degrés plus douces et plus intelligentes. Les ouvriers à leur tour se montrèrent peu à peu plus sobres, plus dociles, plus actifs, plus bienveillants les uns envers les autres. Orbiston prospéra ainsi pendant quelques mois, alimentant des industries diverses, telles que des fonderies et des ateliers de machines ; mais le directeur Abram Combe étant mort en 1827, tous ces résultats, dus à sa douce et active influence, s'évanouirent avec lui. Orbiston dépérit bientôt. Là encore l'homme avait vaincu le procédé.

Cependant M. Owen s'était remis à l'œuvre. Pour que ses enfants ne pussent pas lui reprocher un jour d'avoir placé toute sa fortune sur une idée, il venait de les mettre en possession dès son vivant, ne se réservant que ce qui lui était nécessaire pour vivre d'une manière honorable. Sobre et simple dans ses goûts, il trouva encore, sur ce dernier lot personnel, de quoi pourvoir à l'ingénieuse et infatigable propagande qu'il poursuit depuis trente ans, et qui ne cessera qu'avec sa vie. Ce ne serait pas s'éloigner de la vérité que d'évaluer la somme des efforts de diverses natures, tentés par lui de 1826 à 1837, à mille discours prononcés en public, cinq cents adresses à diverses classes, deux mille articles de journaux, et deux ou trois cents voyages. Quand il s'est agi de sa doctrine, jamais rien ne l'a retenu, ni la dépense, ni le soin de sa santé, ni un plaisir, ni une affaire. Il a été, il est encore, avant tout, l'homme de son idée. La controverse ne saurait ni le rebuter, ni le lasser : il écoute tout avec patience, répond à tout avec douceur ; et si la discussion dégénère en personnalité, il trouve encore une éloquente réplique dans un ineffable sourire, plein de bienveillance et de grâce.

Nous ne le suivrons pas dans sa vie nomade et militante. Manchester, Saldfort, Glasgow, Liverpool, Dublin, Birmingham, ont été le théâtre de ses prédications les plus actives. A Londres, le grand centre de propagande était dans le bazar de Charlotte-Street, où se tenaient des conférences hebdomadaires. Ce fut de là que partit un mouvement singulier qui, un instant, mêla le nom de M. Owen à la vie politique de l'Angleterre. C'était vers 1834 : on se souvient que cette année, à la suite d'une émeute de paysans à Manchester, et d'une condamnation qui en fut la conséquence, une grande effervescence se manifesta parmi les ouvriers de la capitale. Cent mille hommes marchèrent vers le palais de Saint-James avec leurs couleurs et leurs bannières. Ce qu'on ignore, c'est que M. Owen fut, en cette occasion, le porteur de paroles. Il avait amené les ouvriers à ajourner toute pensée de colère, et à ne faire entendre que le langage simple et digne de la raison et de la vérité. La pétition présentée par lui, au nom de ses cent mille mandataires, était modérée dans les termes, raisonnable dans ses prétentions. Mais on conçoit bien qu'aux yeux des ministres alarmés d'un pareil mouvement, la forme ne suffit pas pour faire pardonner le fond. M. Owen fut fort mal accueilli à Saint-James, et plus mal accueilli encore des ouvriers, à son retour. D'un côté, le gouvernement ne voulut voir en lui qu'un agent de la foule, et la foule en eut bientôt fait un complice du gouvernement. Ainsi, comme médiateur, il se trouvait pris entre deux récriminations.

Son extrême bonté l'entraîna à d'autres complaisances qui, furent des fautes. Une société d'ouvriers *mutualistes* s'était formée à Londres avec le but avoué d'imposer aux maîtres, à l'aide de la suspension du travail, une augmentation de salaire. M. Owen blâmait de telles coalitions, mais on usurpa son patronage. Le fonds social de cette ligue était important ; il se montait à 40,000 livres sterling (un million environ) ; et devait servir à soutenir

III. ROBERT OWEN

les ouvriers qui entameraient la lutte. On tira au sort ; il désigna les tailleurs, très nombreux à Londres. Les tailleurs demandèrent donc une augmentation de salaire ; et, sur le refus des maîtres, ils suspendirent tout travail. Pendant un mois, la chose alla bien ; la caisse commune pourvoyait aux besoins des ouvriers oisifs. Malheureusement, au bout de ce temps, elle était vide. On tint bon encore, on fit un emprunt ; mais la situation ne s'améliorant pas, force fut de dissoudre la coalition, ruinée et endettée, et de se remettre de nouveau à la discrétion des maîtres. Ajoutons toutefois que le nom de M. Owen ne fut qu'indirectement mêlé à cette révolte impuissante, à cette conjuration des salaires.

Il fut compromis plus ostensiblement dans une entreprise tout aussi folle, qui s'intitulait : *National labour equitable exchange*. Cette fois il ne s'agissait de rien moins que de l'abolition du numéraire que l'on remplaçait par une autre valeur nommée *heures de travail*. *Une heure de travail* était la dernière fraction de cette monnaie. En contre-valeur d'une paire de bottes, on donnait un nombre *d'heures de travail* de boulanger ou de tisserand. Un papier-monnaie très curieux, énonçant cette valeur, fut fabriqué à cette occasion et pour cet usage. On s'explique difficilement comment l'esprit judicieux de M. Owen a pu être entraîné à ce puéril essai qui n'est guère que le plagiat d'un avortement dont nous avons été témoins en France. Les heures de travail ne se ressemblent pas plus que les hommes ne se ressemblent, et tel ouvrier peut faire en deux heures plus de besogne, et de la meilleure besogne, qu'un autre ouvrier en quatre heures. C'était encore là une des conséquences de ce fâcheux système qui consiste à vouloir fonder l'égalité sur des inégalités flagrantes. La banque d'échange détermina à sa suite, et comme corollaire, la fondation de magasins coopératifs, où l'usage du numéraire était aboli, et où le mouvement des denrées s'opérait par compensation ; mais au bout de quelque temps, banque et magasins étaient frappés de langueur et périssaient d'atonie.

Jusqu'ici Londres avait été, pour M. Owen, le centre le plus actif de propagation et d'expérience ; mais soit qu'une suite de mécomptes y eût refroidi les esprits, soit que des sympathies plus vives l'attendissent sur un théâtre purement manufacturier, il paraît que le vrai terrain de sa doctrine est aujourd'hui dans les villes de Manchester et de Saldfort. A Manchester existait, sous le titre de *Community Friendly society*, une espèce de mutualisme entre des ouvriers qui, à l'aide d'une cotisation hebdomadaire, travaillaient depuis longtemps à se faire un fonds commun. Par les soins et sous l'influence de M. Owen, ce mutualisme s'est agrandi ; il est devenu une association de toutes les classes, de toutes les nations, — *Association of all classes, of all nations*, — que dirige un comité dont M. Owen est le président ou le *père rationnel*, et dans lequel figurent les hommes les plus distingués de son école : MM. John Booth, Robert Alger, James Braby, George Fleming, Hanhart, Baume, Baxter, Junius Haslam, etc. Cette association, qui tient son congrès annuel au mois de mai, a absorbé dans son sein le mutualisme de Manchester, et à l'heure de la réalisation le comité réglera l'emploi le plus utile du fonds commun. On dit que la masse s'élève déjà à 60,000 francs, et qu'au printemps, on cherchera, dans les environs de Manchester, un terrain favorable à la fondation d'une communauté d'ouvriers. Formé à l'école du mutualisme, ce personnel promet mieux sans doute que les populations mêlées d'Orbiston et de New-Harmony ; mais, là comme dans les essais antérieurs, la méthode ne sera efficace que si elle est fécondée par l'ascendant d'un homme.

C'est aussi à Manchester que l'école de M. Owen semble avoir porté ses publications. Au *Coopérative Magazine* dont il a été question, avait succédé *l'Orbiston Register, la Gazette de New-Harmony, le Weekly Chronicle, le Crisis, le Pionneer*, ces trois derniers imprimés à Londres, puis quelques publications provinciales, telles que *le Man, le Rationalist et le Star of the East*. Aujourd'hui ces divers organes ont presque tous disparu. Comme expression des pensées de l'école, il ne reste plus que le *New Moral World*, commencé à Londres, continué à Manchester, et qui poursuit la diffusion du système avec un zèle louable et un incontestable talent. Il est rare que M. Owen ne fournisse pas son contingent de quelques pages à chacun de ses numéros. Cette émission périodique ne nuit pas à celle d'ouvrages plus étendus. Ainsi il a personnellement livré à l'impression et fait distribuer gratuitement ; *1° Lectures on a new state of society ; 2° Essays on the formation of human character ; 3° Six lectures delivered on Manchester*, résultat d'un tournoi théologique qu'il eut à soutenir contre un brillant défenseur du dogme chrétien, le révérend Roëbuck ; *4° Outline of the national*

III. ROBERT OWEN

system ; 5° *The Booh of the new moral World*, sans compter un nombre inappréciable de petits imprimés ou *tracts*, distribués à la main et répandus dans tout le royaume. Quant aux commentaires de son système, il en est peu que M. Owen avoue et accepte ; les livres de MM. Abram Combe, Allen, Thompson et James Brahy font seuls exception à cette défiante réserve.

Dans ses plans de propagande universelle, M. Owen devait songer à l'Europe continentale et à la France surtout. Nous l'y avons vu l'été dernier. Sachant à peine quelques mots de notre langue, il s'y trouva fort emprunté, surtout quand il s'agit d'aborder, dans une discussion publique, des questions de philosophie transcendante et d'économie sociale. Peut-être eût-il renoncé à cette tâche impossible, s'il n'eût rencontré à Paris des amis dévoués et des interprètes intelligents dans MM. Jules Gay, le docteur Évrart et Radiguel. Grâce à eux, il put se faire entendre deux fois à l'Athénée : une troisième séance, désignée pour l'Hôtel-de-Ville, dans la salle Saint-Jean, n'eut pas lieu par suite d'un malentendu. Avant cette époque, on ne connaissait guère ses travaux que par quelques articles de journaux et par les livres de MM. de Lasteyrie, Joseph Rey et Lafon-Ladébat. Mais cette suite d'études, incomplètes d'ailleurs, s'arrêtait à la première phase de la vie de M. Owen, aux expériences de New-Lanark et de New-Harmony. Il avait, devant un public français, à compléter ses vues et à justifier son procédé. C'est ce qu'il essaya de faire, et c'est ce qu'il compte achever dans un prochain voyage.

Aujourd'hui, malgré sa persévérance, M. Owen nous semble atteint de cette lassitude qui frappe les plus patients et les plus fermes, quand ils voient le but reculer incessamment devant leurs efforts. Entré dans la lice avec des résultats patents, avérés pour toute l'Europe, il n'a jamais pu ni les dépasser ni même les atteindre une seconde fois. Aussi s'en prend-il aux instruments de la stérilité de son œuvre, et, ne pouvant accuser sa méthode, accuse-t-il les hommes, rebelles à ses fins. Certes, si la bienveillance la plus angélique, la charité la plus vraie, le désintéressement le plus profond, la sincérité la plus hardie, suffisaient pour rehausser la valeur d'une conviction, et pour lui créer des titres de succès, il n'en aurait jamais existé dont les chances fussent plus belles et plus sûres ; mais malheureusement, en fait de théories sociales, celles-là

Louis Reybaud

seules sont stables, qui valent par elles-mêmes, et nous craignons, malgré toute notre estime pour M. Owen, qu'il n'y ait, au fond de la sienne, plus d'impossibilités qu'il ne le suppose.

Théorie et critique

Voici ce qu'énonce M. Owen dans son *Outline of the rational system*, expression la plus précise et la plus résumée de ses vues.

L'homme est un composé d'organisation originelle et d'influences extérieures, desquelles résultent des sentiments et des convictions, sources de ses actes. Or l'homme n'étant le maître de modifier ni son organisation, ni les circonstances qui l'entourent, il s'ensuit que ses sentiments et ses convictions, ainsi que les actes qui en découlent, sont des faits forcés et nécessaires, contre lesquels il demeure entièrement désarmé. Il les subit, il ne les règle point ; ils se passent en dehors de son consentement et se dérobent à sa puissance. L'individu est donc contraint de recevoir des idées justes ou fausses sans qu'il puisse désirer les unes ou repousser les autres. Son caractère est un fait accidentel indépendant de lui ; sa volonté, résultat de convictions et de sentiments esclaves, n'a ni spontanéité, ni liberté. D'où il ressort que, jouet à la fois et de son organisation qu'il n'a point réglée, et de circonstances d'éducation qu'il ne peut combattre, l'homme ne saurait, sans la plus révoltante injustice, être déclaré responsable de paroles ou d'actes auxquels il est poussé par un concours de nécessités inexorables. De cette absence complète de liberté dans l'individu, M. Owen conclut à la proclamation de *l'irresponsabilité humaine*, comme loi sociale.

Le bonheur, continue M. Owen, le vrai bonheur, produit de l'éducation et de la santé, consiste dans le désir d'augmenter les joies de nos semblables et d'enrichir les connaissances humaines, dans une association avec des êtres sympathiques, dans l'absence de superstition, dans la bienveillance, dans la charité, dans le culte de la vérité, dans l'usage complet de la liberté individuelle. La science sociale embrasse la connaissance des lois de la nature, la théorie la plus juste de la production et de la distribution des richesses, le perfectionnement de l'humanité et la méthode de gouvernement. — La religion rationnelle est la religion de charité. Quoique cette

III. ROBERT OWEN

religion se montre fort réservée sur tout ce qui dépasse nos moyens de connaître, elle admet pourtant un Dieu créateur, éternel et infini, mais comme culte elle ne consacre que cette loi instinctive, qui ordonne à l'homme de vivre conformément aux impulsions de sa nature, et d'atteindre le but de son existence. Ce but est la pratique de la bienveillance mutuelle, et le désir sans cesse croissant de se rendre heureux les uns les autres, sans distinction de race, de sang et de couleur. La religion est encore la recherche de la vérité, l'étude des faits et des circonstances qui produisent le bien et le mal. S'aimer, se bien gouverner, vivre heureusement, voilà ce qui est agréable à Dieu. La théorie religieuse est ainsi la contre-épreuve de la théorie sociale. Quant aux causes et aux fins de notre être, pas un mot : jamais ontologie ne fut plus concise et plus cavalière.

La science du gouvernement, poursuit M. Owen, consiste à fixer sur des bases rationnelles, la nature de l'homme et les conditions requises pour le bonheur. Ainsi, un gouvernement rationnel doit proclamer d'abord la liberté absolue de la conscience, l'abolition de toute récompense et de toute peine, sources de nos inégalités sociales, enfin l'irresponsabilité complète de l'individu, en tant qu'esclave de ses actes. Si un homme fait mal, ce n'est pas à lui qu'il faut s'en prendre, d'après M. Owen, mais bien aux circonstances fatales dont il a été entouré. Un coupable est un malade, et si sa maladie devient dangereuse pour la société, qu'on ouvre un hôpital en faveur des moralités souffrantes. Du reste, quand le milieu actuel sera changé, quand les circonstances environnantes seront telles qu'un homme n'aura à s'inspirer que du bien, et quand le bien portera en lui son attrait, de tels cas de maladie seront rares.. Le gouvernement rationnel y pourvoira d'ailleurs avec un Charenton ou un Bedlam. Il aura aussi à régler les choses de telle sorte que chaque membre de la communauté soit toujours pourvu des meilleurs objets de consommation, en travaillant selon ses moyens et selon son industrie. Dans la communauté, l'éducation sera la même pour tous, invariable, uniforme, dirigée de manière à ne faire éclore que des sentiments vrais et libres dans leur émission, conformes surtout aux lois évidentes de notre nature. Sous de telles conditions, et à l'aide de ces circonstances, la propriété individuelle deviendra inutile : l'égalité parfaite, la communauté absolue, deviendront les seules règles possibles de la société. Tout signe

Louis Reybaud

représentatif d'une richesse personnelle sera aboli, comme sujet à accaparement. La communauté suppléera la famille. Chaque communauté de deux à trois mille âmes alimentera des industries combinées, agricoles et manufacturières, de manière à pourvoir par elle-même à ses besoins les plus essentiels. Les diverses communautés se lieront ensuite entre elles et se formeront en congrès. Dans la communauté, il n'y aura qu'une seule hiérarchie, celle des fonctions, et c'est l'âge qui la déterminera. Jusqu'à quinze ans, on parcourra le cercle de l'éducation ; mais au-dessus l'adulte prendra rang parmi les travailleurs : les plus actifs agents de la production seront les jeunes hommes de vingt à vingt-cinq ans ; ceux de vingt-cinq à trente auront le rôle de distributeurs et de conservateurs de la richesse sociale ; de trente à quarante, les hommes faits pourvoiront au mouvement intérieur de la communauté ; de quarante à soixante, ils régleront ses rapports avec les communautés environnantes. Un conseil de gouvernement présidera tout cet ensemble, moral, physique et intellectuel.

Telles sont les vues générales de M. Owen, et il est inutile de faire ressortir ce qu'elles ont en masse d'innocent, de pastoral et de naïf. On ne peut pas lever contre la société le drapeau d'une révolte à la fois plus inoffensive et plus radicale. C'est un retour vers l'ancien patriarcat à travers le nivellement agraire ; c'est une combinaison où Abraham est fort étonné de se trouver en contact avec Babeuf. Ce qui frappe le plus dans cette théorie, c'est sa stérilité et son vide : on est moins surpris de ce qu'elle admet que de ce qu'elle supprime. Dans le système rationnel, adieu tous les horizons de l'idéalité ; adieu ces aspirations vers l'infini, le seul prisme au travers duquel la vie se colore ; adieu ces doux rêves qui rattachent l'âme, isolée ici-bas, aux âmes qu'elle pleure et qu'elle a aimées ; adieu la poésie, adieu l'enthousiasme, adieu la foi ! M. Owen ne veut pas que nous nous élancions vers l'inconnu ; il nous enchaîne au réel ; il exige que l'homme se livre tout entier à ce vautour qui le ronge ; il lui interdit de chercher ailleurs un point d'appui et un levier pour s'élever à des destinées moins éphémères. M. Owen appelle cela le système de la nature : de la nature, soit ; mais alors d'une nature polaire, car ce système n'est rien moins que l'engourdissement complet de l'humanité. Non ! il n'en est pas ainsi ; non ! l'humanité n'est point cette mer immobile et glaciale, que ne visite jamais le

III. ROBERT OWEN

soleil, mais bien cet océan capricieux et profond qu'animent des brises harmonieuses, et qui réfléchit dans son miroir les teintes changeantes du ciel.

Que dire maintenant de ce dogme de l'irresponsabilité humaine, que M. Owen pose comme la clé de voûte de ses idées, pour en faire ressortir une tolérance inerte et uniforme, sans haine pour le mal, il est vrai, mais sans chaleur pour le bien ? C'est là une bien vieille thèse théologique, épuisée à diverses fois par les aigles de la controverse religieuse. C'est le plaidoyer de la liberté contre la nécessité, le conflit célèbre du libre arbitre, l'arène où saint Augustin vint se mesurer contre le moine Pélage, saint Bernard contre Abailard, Leibnitz contre Bayle, et où descendirent, à des titres divers, Shaftsbury, Zwingle, Arnaud de Villeneuve et cent autres ? A moins de vouloir tomber dans l'ergotisme, il n'y a plus à discuter là-dessus : c'est une question qui ne se résout que par la conscience. Que répondre à un système qui veut que l'homme soit une brute, obéissant au caveçon de la fatalité ? Que répondre à une théorie qui nie l'action de l'individu et sur son organisation et sur les circonstances ambiantes, son influence sur ses convictions et sur ses sentiments, sa liberté dans ses actes ? Avec M. Owen, il ne reste plus rien à faire à l'intelligence ; elle n'a aucune initiative à prendre, car elle obéit ; aucune faculté spontanée à exercer, car elle est toujours opprimée et passive. Et ce qu'il y a de plus étrange, c'est que M. Owen, dans un des statuts de son code social, proclame la liberté de conscience, laquelle n'est pas, que nous sachions, autre chose qu'un attribut de la volonté. Placé sur cette mauvaise pente du paralogisme, M. Owen est entraîné à d'autres contradictions : il consacre le droit, qui devient un titre pour l'individu, et nie le devoir, qui est la contre-valeur de ce titre ; enfin il reconnaît formellement le bien et le mal, les classe, les distingue. Or, distinguer, c'est opter, c'est faire acte de consentement, de volonté, de liberté.

Si M. Owen s'arme ainsi d'un principe que repousse la dignité humaine, ce n'est pas, il faut lui rendre cette justice, pour marcher à la conquête d'une résignation stupide, comme le fait la loi orientale, ou d'une excuse souveraine en faveur du crime, comme l'ont tenté quelques phrénologistes. Il veut fonder le règne de la bienveillance, la religion de la bienveillance, voilà tout. Mais là encore nous craignons qu'il ne s'abuse. De ce qu'on se sera dit et prouvé que

Louis Reybaud

l'homme est une machine, et qu'il ne faut pas lui tenir compte plus qu'à une machine du bien ou du mal qu'il fait, on n'en arrivera pas à avoir de l'affection pour l'humanité, mais de la pitié et presque de l'indifférence. L'amour, la charité, ne sont pas des sentiments inertes, mais chauds et actifs. On ne s'éprend pas d'une machine, on ne se dévoue pas à une machine, et l'idée qu'une passion n'est que le résultat d'un engrenage fortuit suffit pour tuer toute passion. Il était donc inutile de violenter les consciences pour faire accepter des prémisses aussi pauvres en solutions. L'amélioration des circonstances qui entourent l'homme dès le berceau, c'est-à-dire la réforme de l'éducation, était une voie plus heureuse et plus sûre pour arriver à ce triomphe de la charité et de la bienveillance, grande et sainte conquête poursuivie par tous les réformateurs, depuis le Christ jusqu'à M. Robert Owen.

Reste maintenant à interroger l'expédient de la communauté, autre pivot de son système. Peu nouvelle dans le monde, la communauté n'avait pu s'y naturaliser jusqu'ici que sous l'ascendant d'une règle austère et sous l'empire de dures privations. M. Owen ne la comprend point ainsi : il ne veut ni privations, ni règle, et aspire pour elle à la liberté et au bonheur. Ce n'est pas que la communauté, mode imparfait d'association, n'offre par elle-même quelques avantages. Opérant sur une grande échelle, elle réalise à meilleur compte un service meilleur, gaspille moins de forces qu'une société morcelée, et se meut avec plus d'unité. Mais son écueil est de briser l'individualité, de nier les passions, de passer sur les capacités et sur les mérites le plus lourd et le plus désolant niveau. Elle vise toujours à ce but impossible, de fonder l'égalité sur les inégalités : l'égalité de fonctions au milieu de l'inégalité des aptitudes, l'égalité de droits au milieu de l'inégalité des intelligences, l'égalité de répartition au milieu de l'inégalité des résultats du travail. M. Owen, partant du point de vue de la satisfaction, ne limite, il est vrai, ni les besoins, ni la jouissance ; mais ne peut-il pas arriver que ceux qui auront la plus grande vocation pour consommer les produits soient précisément les mêmes qui auront le moins d'habileté pour les créer, et alors n'en résultera-t-il pas une situation d'injustice et d'exploitation, que toute la bienveillance du monde ne pourra parvenir à faire accepter longtemps ? Nous voulons croire que, grâce à une plus juste répartition des charges sociales, la tâche de

III. ROBERT OWEN

chaque individu sera, dans l'avenir, douce et légère ; mais encore, si amoindrie qu'elle soit, faudra-t-il l'accomplir, cette tâche. Et y sera-t-on suffisamment excité, sous un régime de mutualité rigoureuse, où l'équilibre des obligations et des jouissances ne sera jamais parfait, et dans lequel aucune place n'aura été réservée, ni à l'intelligence, qui seule gradue la valeur du travail, ni au capital, qui n'est lui-même que du travail accumulé ? Il est possible que le capital et l'intelligence se soient attribué, de nos jours, un rôle exorbitant et oppressif ; mais, au lieu d'aborder de front un problème qui préoccupe douloureusement les meilleurs esprits du temps, M. Owen aime mieux le tourner et le nier. Il raye d'un trait de plume la capacité et la fortune, sans songer qu'il vient de couper le seul pont qui liait son système à notre ordre social, et qu'entre eux maintenant il n'y a plus qu'un abîme. Il n'existe plus, en effet, aucun moyen de passer de son monde au nôtre ; il faut que les hommes riches, les hommes supérieurs se résignent à ne compter ici-bas que pour de simples unités, comme les plus inhabiles des artisans ; il faut que, désintéressés désormais de toute prétention, ils se trouvent suffisamment indemnisés par les joies d'une égalité parfaite et par le régime uniforme d'une communauté qui s'est interdit jusqu'à la plus innocente des rémunérations, la louange. Et, dernière et singulière contradiction ! après avoir formellement repoussé toute distinction et toute hiérarchie, M. Owen conclut à un ordre social gradué et à un gouvernement hiérarchique basé sur les âges. C'est toujours là que viennent échouer les formules impuissantes ; elles arrivent à des conclusions qui ruinent leurs prémisses.

Conclusion

Dans ces deux idées fondamentales, la communauté et l'irresponsabilité humaine, repose toute la vertu du système de M. Owen : le reste porte sur des accessoires qu'il est surabondant de réveiller et de mettre en litige. Ce n'est pas qu'il n'y eût beaucoup à dire sur l'absorption de la famille dans la communauté, métamorphose qui demanderait autre chose que des indications vagues, sur l'état futur de la femme à laquelle on se contente de

Louis Reybaud

promettre une insaisissable égalité de droits, sur le rôle que devront jouer, dans le nouveau régime, les arts libéraux, les professions libérales, sources d'un travail qui ne peut ni s'évaluer à l'heure, ni se mesurer à la toise ; ce n'est pas qu'il n'y eût à signaler plus d'ellipses encore que d'erreurs, dans un programme tracé par une main évidemment inaccoutumée au jeu complet des théories ; mais au lieu d'épuiser cette critique et de sonder à fond ce terrain du blâme, nous aimons mieux nous reporter vers le côté saillant des études de M. Owen, et nous incliner de nouveau devant ses belles facultés d'expérimentations.

Nul, en effet, jusqu'ici, n'a manifesté, sous un plus beau jour que lui, le don divin d'agir sur les caractères par la bonté unie à la raison ; nul n'a témoigné une volonté plus persistante et plus généreuse de poursuivre et d'accomplir le bien ; nul n'a étudié les faits avec plus de patience et gouverné les hommes avec plus de moralité. New-Lanark est un titre qu'envieraient à M. Owen les théoriciens les plus célèbres, les penseurs les plus illustres. Ce lui serait une belle gloire, fût-elle la seule. Mais M. Owen en a d'autres. L'un des premiers, il a pressenti que les forces mécaniques, sous les lois qui régissent la richesse actuelle, ne porteraient que des fruits amers ; l'un des premiers il a fait comprendre ce qu'il y a de précaire et d'inconsistant dans les rapports ordinaires des maîtres et des travailleurs, et, signalant les dangers de nos grands foyers manufacturiers, ballottés entre des travaux exagérés et de déplorables chômages, l'un des premiers aussi, il a conseillé la formation de petits centres de 1,200 âmes, à la fois manufacturiers et agricoles, où la terre pût venir, en bonne nourrice, au secours des hommes que l'industrie aurait délaissés. Si, à ce contingent d'idées et de faits, on ajoute une somme inappréciable de sacrifices personnels, on pourra se convaincre que nulle existence ne fut plus pleine, plus noble, plus méritante que celle de M. Owen.

En terminant ceci, une réflexion nous frappe. Voici trois hommes éminents, Saint-Simon, Fourier et Owen, qui, presque à l'unisson, ensemble, à la même date, se sont trouvés saisis d'une idée commune, celle de fonder un bien-être nouveau et de prêcher une moralité nouvelle. Tous les trois, sur des modes divers, il est vrai, et bien inégaux en valeur, ont procédé à une organisation meilleure du travail, et proclamé que la loi des destinées futures

III. ROBERT OWEN

serait, l'un l'amour, l'autre l'attraction, le troisième la bienveillance. Cette émission, en Angleterre et en France, a été simultanée, et après avoir étudié, avec quelque conscience, les travaux de ces trois hommes, nous nous croyons fondés à affirmer que chacun d'eux a inventé de son côté et ne s'est inspiré que de lui-même. Il leur est arrivé ce qui arriva à Newton et à Leibnitz, qui devinèrent à la fois, l'un à Londres, l'autre à Leipsig, la loi des infiniment petits et le calcul différentiel. En effet, malgré la sentence de la Société royale de Londres, on peut dire aujourd'hui que si la découverte de Newton était réelle, celle de Leibnitz ne l'était pas moins. C'est qu'à l'heure où, devenues indispensables à la marche du monde, certaines idées descendent d'en haut et s'abattent sur nos intelligences, tous les cerveaux d'élite qui peuvent les admettre et les féconder sont frappés de la même secousse et sollicités à la même manifestation. Alors sont apôtres tous ceux qui ont vu luire la divine langue de feu.

ISBN : 978-1540474827

Louis Reybaud